*Emanuel Lasker*

# Kampf

Verlag
der
Wissenschaften

*Emanuel Lasker*

**Kampf**

*ISBN/EAN: 9783957005571*

*Auflage: 1*

*Erscheinungsjahr: 2015*

*Erscheinungsort: Norderstedt, Deutschland*

Hergestellt in Europa, USA, Kanada, Australien, Japan
Verlag der Wissenschaften in Hansebooks GmbH, Norderstedt

*Cover: Rembrandt "Der Künstler in seinem Atelier"*

Verlag
der
Wissenschaften

# KAMPF

VON

Dr. Emanuel Lasker

---

1907

---

Verlag der Lasker's Publishing Co.
116 Nassau Street
New York

---

Meinem Bruder und treuen Kampfgenossen gewidmet

Das vorliegende Werk enthält Betrachtungen über die Strategie eines Kampfes, wie des Krieges, des Kampfes eines Geschäftsmannes, des inneren Kampfes eines Künstlers, des Kampfes gegen die Feinde der Glückseligkeit u. s. w. Das Leben ist, nach einem uralten Worte, ein fortgesetzter Kampf. Daher rankt sich die Theorie des Kampfes um des Lebens grünen Baum.

Meine Thätigkeit hat mich naturgemäss zu der Beobachtung der Fehler und Vorzüge strategischer Massnahmen geführt, und nach fünfzehnjähriger Arbeit ist es mir, glaube ich, gelungen, einige bedeutungsvolle strategische Grundsätze aufzufinden. Diese Ideen sind hier besprochen und erläutert.

Ich bin meinem Bruder für vielerlei Anregung und Hülfe zu grossem Danke verpflichtet.

New York, November 1906.

Emanuel Lasker.

# DAS PROBLEM

Es ist ein altes Wort, dass das Leben ein Kampf ist. Die Umgebung und die Ereignisse dieses Kampfes beeinflussen die Entwickelung des Individuums und der Rasse, wie Darwin im Einzelnen gezeigt hat. Nach ihm ist die Rasse das Ergebniss der sich in den Lebenskämpfen ihrer Vorfahren äussernden Kräfte. Es ist daher einleuchtend, dass das Leben aus dem Kampfe erklärt werden muss.

Dennoch ist das Buch der Strategie der Kämpfe ungeschrieben. Ja, es giebt wahrscheinlich Viele, die die Möglichkeit einer Wissenschaft des Kampfes leugnen würden. Denn mysthische Vorstellungen über die Natur der Kämpfe sind weitverbreitet, wie zu den Zeiten, wo man annahm, dass ein Kriegsgott den Sieg verleiht, wo vor wichtigen Entscheidungen die Götter um Rath befragt wurden, wo man durch Opfer ihren guten Willen gewinnen wollte und ihnen nach dem Siege Dankesopfer brachte, und wo es den Menschen deuchte, dass nicht Vernunft und Gerechtigkeit, sondern das Geheiss einer autokratischen Macht Geschicke lenkt.

Die Vorstellung von der Abhängigkeit

menschlichen Schicksals von einer unanalysirbaren Kraft hat viel Leid im Gefolge gehabt. Zur Zeit der Sonnenwende opferten die alten nordischen Rassen ihre Erstgeborenen der Sonne, um das Gestirn zur Rückkehr zu bewegen. Als die Mi ionäre zeigten, dass die Sonne von selbst zurückkommt, und das Opfer Jesu erklärten, wurde aus der Julzeit das Weihnachten. In ihm bleibt die poetische Hülle des Julfestes erhalten, sein schrecklicher Zweck ist nun vergessen, nur einige Redewendungen und alten Gebräuche deuten noch auf die Menschenopfer hin, die zur Julzeit der Sonne und dem Erntegott gebracht wurden.

Als die Menschheit kindlich jung war, dichtete sie alle Kräfte, von denen das Geschick der Menschen abhängt, in menschenähnliche Persönlichkeiten um, die im Wasser, in der Luft, im Feuer, im Wald und in der Einbildungskraft nach Willkür und Laune ihr Wesen trieben. Die spielten dort viel schöne Spiele, liebten und hassten und kämpften miteinander wie die Menschen, bis ihnen in langsamem Wachsthum ein starker Feind erstand, der sie in's Märchenland vertrieben hat. Dieser schreckliche Feind der Willkür der Starken ist die Gerechtigkeit.

Ein gerechter Richter kann seinen Neigungen wenig Spielraum lassen. Ist er absolut gerecht, so ist es besser für ihn, wenn er gar keine Neigungen hat, denn nachdem er den Thatbestand gehört hat, ist sein Urtheil ihm vorgeschrieben. Der Richter ist nur der verkörperte Ausdruck eines tief in die Menschenseele eingegrabenen Instinktes. Selbst Kinder und die niedersten Rassen, obwohl unfähig, Gerechtigkeit zu üben, haben den Sinn dafür. Die Gerechtigkeit des Vaters macht ihn in den Augen der Kinder zum König, den sie lieben und verehren. Jede ungerechte Handlung erzeugt bei ihnen Furcht und vermindert ihre Achtung.

Wer sagt es den Kindern, was gerecht oder ungerecht ist? Ein uralter Instinkt, der von Anbeginn mit der willkürlichen Anwendung von Macht im Streite lag und in den Jahrtausenden erstarkte. Die goldene Regel, was Du nicht willst, dass man Dir thu, das füg auch keinem Andern zu, ist der Keim, aus dem der Instinkt der Gerechtigkeit gross wurde und sich hundertfältig verzweigte.

Im Alterthum waren es einige Könige, die Gerechtigkeit übten, wie der weise und milde Hamurabi und Abraham. Dass sie auch im Zorne gerecht waren, erregte die Bewunderung ihrer Zeitgenossen. Als Moses auf Sinai die zehn Gebote verkündete, da lehrte er auch dem gewöhnlichen Manne, wie er in Gerechtigkeit leben könne. Das Attribut der Gerechtigkeit des einen Gottes ist das im alten Testament am häufigsten erwähnte. Dies Wort von der Gerechtigkeit des allgewaltigen Gottes muss die niedergedrückten Juden angemuthet haben wie ein Ruf aus dem Märchenland. Es war ihnen die Verheissung einer schöneren Zukunft.

Die Gerechtigkeitsidee wuchs langsam bei den Juden, wo sie sich in ausgleichenden Gesetzen und der Uebung der Mildthätigkeit kund gab. Da erstand Jesus von Nazareth und St. Peter schleuderte den Feuerbrand seiner Lehren in die Welt hinaus. Jesus sagte in der Bergpredigt: Liebe Deine Feinde. Wenn Dir Jemand einen Backenstreich auf die rechte Wange giebt, halte ihm die linke hin. Im Schiffe beim Sturme sagte er: Ihr Kleinen im Glauben, was fürchtet Ihr. Er verhiess die Seligkeit, denen, die recht zu den Menschen thun, die Verdammniss, die zu den Menschen unrecht handeln.

Diese Sätze sind nie ganz wörtlich genommen worden. Christen haben in der Schlacht ihre Feinde getödtet. Selbst in den Zeiten, wo sie am meisten an ihrer Religion hingen, ein paar hundert Jahre nach deren Gründung und in den Kreuzzügen, haben sie „Ketzer", d. h. also eine Minorität Andersdenkender, zu Tausenden verbrannt. Es ist denkbar, dass solche Thaten gerecht sind, doch es ist undenkbar, dass sie der Ausfluss von Liebe sind. Daher ist es augenscheinlich, dass die Sätze Jesu als ein Gleichniss zu verstehen sind. Auch scheint es nicht schwer, deren wahre Bedeutung zu entdecken. Die Forderungen können unmöglich gegen das Gebot der Gerechtigkeit verstossen wollen. Und Gerechtigkeit kann sich der Strafe nicht enthalten. Liebe Deine Feinde bedeutet, sei gerecht zu ihnen, und liebe sie, wenn sie gerecht zu Dir sind. Es ist der menschlichen Natur zuwider, Ungerechtigkeit zu lieben. Selbst der Sünder kann aber seinen gerechten Richter lieben. Das Gleichniss des Backenstreichs predigt ausserordentliche, beinahe übermenschliche Sanftmuth. Auch andere Gleichnisse des neuen Testaments fordern Milde und Zurückhaltung, bevor eine Anklage erhoben, ein Straf- oder Racheakt vollzogen wird.

Das Wort vom Glauben ist am öftesten missverstanden worden. Offenbar kann sich Niemand zum Glauben zwingen, so wenig wie ein Rosenstrauch sich zwingen kann, Aepfel hervorzubringen. Es wäre daher höchst ungerecht, Glauben zu verlangen, und dem, der der Forderung nicht nachkommt, ewige Verdammniss anzudrohen. Solch ein Vorgehen wäre weit ab von der von Jesu gepredigten Milde. Glaube mir, das heisst, glaube an die Gerechtigkeit des Lebens. Die Belohnung ist Glückseligkeit. Hölle und Himmel können nicht räumlich gemeint sein, sondern sind als etwas seelisches zu verstehen. Wer zu den Menschen auf Erden recht handelt, dem immer und dem allein hat Jesus die Seligkeit versprochen.

Es scheint durchaus möglich zu sein, die Sätze Jesu so zu verstehen, ohne ihnen Gewalt anzuthun. Und jedenfalls ist es wahr, dass nur, wenn man sie so versteht, den Sätzen von einem im Kampfe des Lebens stehenden Streiter und Arbeiter buchstäblich Folge geleistet werden kann, und dass sie, so verstanden, für den Kämpfer Rathschläge von allerhöchstem Werthe sind.

Die Hoffnung und der Glaube haben im Kampfe um's Dasein eine grosse Aufgabe zu erfüllen. Wenn unser Leben Härten und Schwierigkeiten hat und uns an uns zweifeln macht, so ruft uns die Hoffnung zu, unser Bestes zu thun und zu warten. Wenn wir dem Walten ungeheurer Kräfte ausgesetzt sind und unserer Unbedeutendheit uns bewusst werden, so raunt der Glaube in unser Ohr, ungerechte Bestrafung nicht zu fürchten. Die Hoffnung und der Glaube beruhigen den Herzschlag, wenn Wille und Vernunft der Schwierigkeiten nicht Herr werden können und daher Zweifel und Angst uns erfüllen.

Kein Wesen ist ohne Hoffnung geboren. Hoffnung ist die Triebkraft alles Lebens. Aber es giebt viele Menschen ohne Glauben. Der Glaube ist der Muth nach der That und stärkt daher den Muth zur That, er ist der Friedensbringer, das jüngste Glied der Familie der Gefühle. Er ist die Ueberzeugung von der Gerechtigkeit alles Geschehens, er ist der Ausdruck eines Vertrauens und einer Hingebung. Da er seinem innersten Wesen nach auf der Gerechtigkeitsidee aufgebaut ist, kann nur ein Wesen, das von Gefühlen der Gerechtigkeit beherrscht wird, seiner theilhaftig werden. Wer keinen Glauben hat, kann nicht geheilt werden, indem man ihm befiehlt, zu glauben. Der Glaube muss wie eine Pflanze wachsen. Er wird durch Erfahrungen genährt, die man erwirbt, wenn man grosse Arbeiten unternimmt, beim Segeln des Ozeans, beim Besteigen hoher und steiler Gebirge, beim Suchen nach werthvollen Wahrheiten, beim Streite mit üblen gesellschaftlichen Kräften.

Was gemeinhin Glaube genannt wird, ist nicht von dieser Art. Das ist eine entartete Pflanze, die Verzückungen gewährt, sie aber mit grossem Leid erkaufen lässt. Solch ein Glaube verspricht Glückseligkeit, wie Kinder sie verstehen, und bedroht alle, die seiner nicht theilnehmen wollen, mit grausamen Strafen. Er macht vorurtheilsvoll und ist von Grund aus ungerecht.

Der Glaube, das Vertrauen, dass Gott, der den Sperlingen ihr Brod giebt, des Menschen nicht vergessen wird, darf aber erst angerufen werden, nachdem Wille und Vernunft ihr Aeusserstes gethan haben. Die Schiffer, die ihrer Pflicht vergessen, gehen unter. Wenn sie aber ihre grössten Anstrengungen gemacht haben, dann sollen sie glauben und nicht fürchten. Der Glaube ist der Friedensbringer im Kampfe. Wer ihn nicht hat, geht an seinem Zweifel und an seiner Furcht seelisch zu Grunde. Seiner ist die Unglückseligkeit.

Wer gewohnheitsmässig sich der Hoffnung und dem Glauben hingiebt, ohne sich seines Willens und seiner Vernunft zu bedienen, verstösst gegen das Gebot der Gerechtigkeit. Denn er überlässt es den Anderen, seinen Antheil an der zum Leben nothwendigen Arbeit der Welt zu leisten. Er verdient sein Brod nicht im Schweisse seines Angesichts.

Nachdem Jesus gekreuzigt worden war, haben Viele die Gedanken seiner bilderreichen Sprache erklären wollen und das irrende Menschenhirn hat tausende verschiedener Meinungen zu Tage gefördert. Schliesslich wurden die einfach schönen Lehren Jesu wieder in ein mystisches Gewand gekleidet. Man sagte, dass nur dem Gläubigen die Gnade Gottes zu Theil werde. Ist denn nicht die ganze Welt Beweis und Träger der Gnade Gottes? Tausendfältiges Leiden kam durch diese Mystik in die Welt.

Savonarola nahm den Kampf gegen die Mystik auf. Er war ein wahrhafter Befolger der Lehren Christi. Als die ihm feindlich gesinnten Priester ihn dem Flammentod überlieferten, und ein Knabe einen Stock dem feurigen Reisigbündel zufügte, da rief Savonarola aus: O heilige Einfalt. Wie unendlich gerecht und milde war dieses Urtheil des Gequälten.

Aus der Asche Savonarolas erstanden andere Kämpfer. Wie viele ihrer auch fielen, immer fanden sich neue, die die Leuchte der Aufklärung hoch hielten. Es fällt der modernen Zeit zu, dieses Werk fortzusetzen und zu vollenden.

Die mystische Betrachtung des Lebens muss scheiden, und daher muss die mystische Betrachtung des Kampfes angegriffen werden. Was ist Kampf und Sieg? Gehorchen sie Gesetzen, die die Vernunft begreifen und aufstellen kann? Welches sind diese Gesetze? — Das ist das Problem.

# STRATEGIE

In der Kriegswissenschaft macht man gewöhnlich einen Unterschied zwischen Taktik und Strategie. Der Stratege befiehlt die Ausführung von Bewegungen und Manövern, der Taktiker folgt dem Befehle, ohne dessen Grunde nachzuspüren. Der Taktiker löst die Aufgaben, die der Stratege stellt. Der Stratege muss die Gesammtlage des Krieges kennen, der Taktiker nicht. Er muss nur die Umstände, die ihm die Lösung seiner besonderen Aufgabe erleichtern, erkunden und in Erwägung ziehen. Wie bedeutsam dieser Unterschied zwischen dem Taktiker und dem Strategen im Kriege auch erscheinen mag, grundsätzlich ist er nicht. Denn der Unterschied liegt nur in der Grösse der gestellten Aufgaben.

Der Krieg ist zwar ein sehr interessanter Kampf, doch keineswegs der einzige, der im Leben der Menschengattung von Bedeutung ist. Die Welt ist voll von Kämpfen, im grossen und grössten, wie im kleinen und kleinsten. Doch muss man den Begriff des Kampfes so erweitern, wie es naturgemäss ist. Ein Kampf entsteht immer, wenn etwas Lebendiges gegen einen Widerstand ein Ziel erreichen will.

An Worte knüpfen sich bestimmte Gedankenbahnen, so dass man gezwungen ist, neue

Worte zu münzen, wenn man neue Gedanken zum Ausdruck bringen will. Ein Kampf sei daher für uns eine „Machee" und im obigen Sinne habe all das „Leben", was sich fortpflanzen und entwickeln kann, wie ein Thier, eine Pflanze, eine Rasse, eine Nation, eine Zelle, ein Organ, eine Sprache, eine Gefühlserregung, eine Idee, und tausend andere Dinge.

Hier werfen sich eine Anzahl von Fragen auf. Was ist Wollen? Und was ist ein Ziel? etc. etc. Wir wollen hier keine Haare spalten. Vielleicht kommt einmal ein Philosoph, der diese Probleme untersucht und eine strenge Theorie der Machee aufstellt.

In diesen Zeilen soll ein solcher Versuch nicht gemacht werden. Der Autor hat nur die Absicht, Betrachtungen, die für das Leben nutzbringend sind, zugänglich zu machen. Und dieses Ziel will er mit dem geringsten Aufwand an Mitteln erreichen.

Die Strategie einer Machee sei hier verstanden als die Gesammtheit aller Erwägungen, welche zur Erklärung oder zur Voraussicht der Ereignisse der Machee beitragen. Taktik ist die Strategie einer einzelnen Episode der Machee.

In jeder Machee giebt es Wirkungscentren, wie im Kriege Soldaten, Gewehre, Kanonen, Säbel, Schiffe etc. Wir wollen sie die Straten der Machee nennen. Jeder Stratos hat verschiedene Wirkungen, ist immer noch ein Vielfaches. Wir wollen die Einheit jeder Wirkung in Jont nennen. Die Wirkung eines Stratos ist demnach eine Kombination verschiedener Jonten.

Die Straten wirken und bewegen sich in einer der Machee eigenthümlichen Umgebung, welche wir uns räumlich vorstellen, obwohl sie nicht immer räumliche Qualitäten hat, und die das „Feld" der Machee genannt werden wird. Das Feld ist von grossem Einfluss auf die Machee, aber die Straten können nicht umgekehrt das Feld beeinflussen. Das machische Feld stellt eben im räumlichen Bilde die vom Willen der Kämpfer nicht abhängigen Umstände der Machee, d. h. also ihre Umgebung dar.

Der erste und bedeutsamste Einwand, den man gegen einen Versuch, eine Machologie zu begründen, erheben könnte, ist die unendliche Mannigfaltigkeit und Unbestimmtheit aller machischen Vorgänge. Es genügt, eine Schachpartie zu betrachten, um zu beweisen, in wievielerlei Weisen eine Machee von einer gegebenen Stellung aus verlaufen kann. Man sollte glauben, dass in dieser Vielfachheit ein gesetzmässiges Geschehen unmöglich sei.

Doch ist dies ein Irrthum. Schon im Schach des gewöhnlichen Spielers zeigt es sich, dass die Auswahl der Züge durch die Forderung ihrer Zweckmässigkeit ausserordentlich eingeschränkt wird. In der Praxis der Meister steigert sich noch diese Reduktion der Möglichkei- und je weiter das Schachspiel fortschreitet, desto weiter geht auch diese Einschränkung der Wahl. Es ist ähnlich in anderen Macheeen. Wenn ein mittelmässiger Klavierspieler einem musikalisch gebildeten Publikum vorträgt, so wird er dies in mannigfachster Weise thun zu können wähnen. Für Rosenthal oder Paderewski aber wird nur e i n e Art der Wiedergabe existiren. Je höher der Künstler steht, desto geringer ist seine Freiheit.

Wir können uns, ohne unlogisch zu sein, den Process der Vervollkommnung bis ins Unbegrenzte fortgesetzt denken. Das so entstehende Wesen hat keine Freiheit der Wahl mehr. Es m u s s handeln, wie es handelt, da es unter dem Gebote der höchsten Zweckmässigkeit steht.

Wir werden diese idealen Wesen „Macheeiden" nennen. Jede seiner machischen Handlungen heisse „eumachisch", eine andere „amachisch".

Der Verlauf einer Machee, sofern er eumachisch ist, ist also vorgeschrieben. — — —

Doch ist bei diesem Satz eine stillschweigende Voraussetzung gemacht, die näher betrachtet zu werden verdient.

Offenbar lassen sich Ziele auf die mannigfachste Weise erreichen, geradeso, wie man im Geschäftsleben einen Artikel für viel oder wenig Geld, bei baldiger oder späterer Ablieferung kaufen oder verkaufen kann. Man wird aber den als den besten Geschäftsmann bezeichnen, der seine Transaktionen zum besten Vortheil abschliesst. Und nach Abschluss einer Reihe solcher Transaktionen wird dieser Vortheil schliesslich in Geldwerthen umgesetzt erscheinen.

In jeder in der Natur vorkommenden Machee lässt sich hierzu eine Parallele ziehen. In der Schlacht z. B. soll der General eine bestimmte Aufgabe erfüllen, aber derart, dass beim schliesslichen Ziehen der Bilanz sein Verlust an militärischen Werthen (Straten und Jonten) so klein als möglich ist.

Was in einer Machee die nämliche Rolle spielt, wie das Geld im Geschäftsleben, sei die „Energie" dieser Machee genannt.

Die Macheeiden sind also, ihrer Natur nach, unendlich sparsam mit der ihnen zur Verfügung gestellten machischen Energie. — — —

Macheeiden existiren auch in der uns umgebenden Natur. Wahrscheinlich sind die Atome Macheeiden, denn sie gehorchen dem von Gauss aufgestellten „Princip des kleinsten Zwanges" und verschiedenen anderen Minimalprincipien.

Ohne Zweifel ist der Instinkt ein Macheeide. Di instinktiven Reaktionen der Pflanzen und Thiere gegen irgend welche sie angreifenden Reize sind ausserordentlich, wir können sagen, unendlich ökonomisch in der Ausgabe der Rassenlebensenergie dieser Geschöpfe.

Niemals macht die Rasse eine Anstrengung, ohne dass ein Widerstand ihn erzwänge.

Hört der Widerstand oder Reiz auf zu wirken, so wird das Organ, welches die Funktion hatte, ihn zu bekämpfen, für andere Zwecke in Anspruch genommen.

Kein Individuum, ja keine individuelle Zelle fällt im Kampfe, ohne dass zugleich eine Anstrengung gemacht wäre, die Rasse zu entschädigen. Man denke z. B. an die Akklimatisation einer Rasse an Krankheiten, an Fiebererscheinungen, an die wüthenden Angriffe sterbender Thiere gegen ihre Rassenfeinde.

Beim Neuschaffen eines Individuums ist der Antheil, den die letzte Generation am Umbilden des Processes nimmt, ein äusserst geringer. Aeusserst wenig von den Erfahrungen und Anpassungen der letzten Generation wird dem Embryonalleben hinzugefügt. Daher durchläuft der Embryo die ganze Stufenleiter der Entwickelung der Rasse.

Und wahrscheinlich durchläuft jeder einzelne Akt des Sehens, Riechens, Schmeckens, Hörens, Fühlens und Denkens in der kurzen Zeit, in der er entsteht, die ganze Stufenleiter alles Sehens, Riechens, Schmeckens etc. Zum mindesten habe ich beobachtet, dass selbst ausgezeichnete Schachspieler, wenn man sie zwingt, sehr schnell zu spielen, so dass sie ihre Gedanken nicht zu Ende denken können, genau so spielen, wie Anfänger. Der erste Impuls ist irgend einen ganz beliebigen Zug zu machen, der zweite beweist schon einen ganz kleinen Denkfortschritt, und so fort. Man kann auch ohne die Hülfe des Experiments das Gesetz ableiten.

Der Energieverbrauch für die Umänderung der Lebensaktionen ist und war eben zu jeder Zeit und in jedem Augenblick unendlich sparsam und das Entwicklungsprincip alles Lebens ergiebt sich daraus mit Nothwendigkeit.

Die Leistungsfähigkeit eines Stratos für di Zwecke der Macheeiden ist abhängig

1) von der Intensität seiner Jonten in den verschiedenen Stellungen, welche der Stratos einnehmen kann,

2) von der Beweglichkeit des Stratos, oder der Fähigkeit des Stratos sich verschiedenen Umständen anzupassen, oder der Leichtigkeit, mit der er von einer Aufgabe zu einer anderen übergehen kann.

Ein Mann mit einem Gewehr und einer Patronentasche, der hinter einem Sandhügel liegt und durch eine Scharte auf ein ihm bedeutetes oder ihm sichtbar werdendes Ziel schiesst, repräsentirt einen Jont derselben Gattung, wie ein Maschinengewehr, das denselben Raum beherrscht. Die Intensität des Letzteren ist aber viel grösser. Die Feuerwirkung einer Batterie wird durch den Verlust ihrer Pferde nicht geändert, doch wird die Fähigkeit derselben, sich ändernden Umständen anzupassen, dadurch sehr verringert. —

Ein Mann, der dem Feuer des Feindes ausgesetzt, auf der Erde liegt, bietet weniger Trefffläche dar, als ein auf der Erde Stehender. Er absorbirt mehr Feuerwirkung. Dieser Wirkungsjont des Mannes ist, ceteris paribus, etwa der

Trefffläche, die er bietet, umgekehrt proportional.

Ein Mann, der bei Tageslicht im Felde steht, kann sich freier bewegen, sein Auge besser verwenden, als ein sich auf den Boden kauernder. Daher ist die Anpassungsfähigkeit des ersten grösser, als die des zweiten.

Ein Künstler hat desto mehr „Anpassungsfähigkeit" je vielseitiger er ist.

Die weissen Blutkörperchen stürzen sich auf die in das Blut eindringenden Stoffe oder Bakterien, greifen sie an und kämpfen mit ihnen. Die Menge und Energie der weissen Blutkörperchen repräsentirt eine Intensität, die Fähigkeit des Blutes gegen jeden Eindringling sich durch die Bildung eines typischen Serums zu vertheidigen, ist Beweis der ungeheuren Grösse seiner Anpassungsfähigkeit. —

Diese verschiedenen Beispiele zeigen an, was einerseits unter Intensität des Jont, andererseits unter Beweglichkeit (Elasticität, Flexibilität, Anpassungsfähigkeit) gemeint ist.

Wir werden diese Beweglichkeit „Armoostia" nennen.

— — — — — — — — — — — — — — — —

Wenn eine Truppe auf eine andere eine „Drohung" ausübt, so muss diese sich decken oder der ersteren einen Vortheil einräumen.

Eine solche aufgehobene Drohung äussert sich als „Druck". Solange die Drohung besteht, muss ein Theil der Leistungsfähigkeit der feindlichen Straten dazu verwendet werden, die Ausführung der Drohung zu hindern. Die Freiheit der Wahl des Feindes wird sonach durch diesen auf ihn ausgeübten Druck gemindert.

— — — — — — — — — — — — — — —

Die Strategie der Macheeiden zu finden, ist häufig eine ausserordentlich schwierige Aufgabe.

Doch lassen sich in einigen typischen Fällen die eumachischen Manöver festlegen. Und später werden wir im Stande sein, gewisse Klassen von Manövern als amachisch nachzuweisen.

— — — — — — — — — — — — — — —

Wenn eine sehr grosse Kraft sich einer kleinen nähert, so muss diese in der Richtung des geringsten Druckes ausweichen.

Jedes andere Manöver wäre amachisch, denn der Gegendruck der kleinen Kraft gegen die grosse ist unbedeutend, und es wird daher die beste Strategie der kleineren Kraft darin bestehen, ihre Vernichtung für den höchsten Preis zu erkaufen. Dieses geschieht durch Flucht in der Richtung des geringsten Druckes, weil dort die zukünftigen Drohungen des mächtigen Gegners so klein als möglich sind.

Befindet sich aber die kleinere Kraft bereits in einer Lage geringsten Druckes, so muss sie dort ausharren. Si ist dann entweder in einem Ambusch oder einer Festung und geht verloren, wenn nicht von anderer Seite Gegendruck auf den Feind ausgeübt wird.

Ist andererseits der Druck der kleineren Kraft auf den Gegner durch die Konstellation der Umstände bedeutend, so muss sie sich in der Richtung der grössten Druckdifferenz bewegen.

Im Allgemeinen wird man leicht die Drohungen, und daher auch die Druckäusserungen, welche der Gegner auf einen Punkt, beziehungsweise eine Lage der feindlichen Truppe ausüben kann, annähernd angeben können. Der Druck wird durch die Anstrengung oder Energieausgabe, die der Gegner machen muss, um den betreffenden Punkt eumachisch anzugreifen, bestimmt, und ist um so kleiner, je grösser diese Anstrengung ist.

Ist A eine Truppe von kleiner Wirkung, aber sehr grosser Armoostia und B eine solche von grosser Wirkung, aber kleiner Armoostia, so ist es die Strategie von B, seine Druckwirkung gegen A über ein möglichst grosses und zusammenhängendes Gebiet gleichmässig, jedoch so zu vertheilen, dass sie dem Gegendrucke von A überall überlegen ist.

Die Beweglichkeit und Anpassungsfähigkeit von A ist derart, dass es in sehr kurzer Zeit auf einen beliebigen Punkt fast alle seine Wirkung koncentriren kann. Greift B aber A in seiner Lage an, so weicht der Letztere mit Leichtigkeit aus. Mithin thut B am besten, die Beweglichkeit von A durch Druckwirkungen möglichst einzuschränken und kann (z. B.

durch Bildung eines Druckringes und fortgesetzter Einschnürung desselben) diesen Process unter günstigen Umständen bis zur endlichen Vernichtung des Gegners fortsetzen.

Ein sehr wichtiger, besonderer Fall des Obigen tritt ein, wenn A eine Lage einnimmt, auf die seine Partei einen genügenden Druck ausübt, um B von einem Angriff abzuhalten und A sehr grosse Armoostia für die Vertheidigung, sehr geringe aber für den Angriff besitzt. Alsdann braucht B sich gegen den Angriff von A nicht zu schützen, sondern muss zunächst in einigen Punkten der Lage von A einen Ueberdruck koncentriren, also etwas drohen, und zwar derart, dass die Armoostia von A durch die Parade der Drohung gemindert wird. B hat keine andere Alternative, wenn er den Angriff gegen A nicht überhaupt unterlässt.

Beispiele für solche Fälle sind im Kriege Wälle, Gräben, Drahtnetze, deren Annäherungen starkem Feuer ausgesetzt sind. Im Schachspiel sind es Bauernketten.

Der Fall, wo A verhältnissmässig grosse Angriffsarmoostia hat, ist durch Reiterei, Torpedo- und Unterseeboote gegeben. Im Rassenkampfe ist eine Mücke ein gutes Beispiel für einen solchen Stratos. Im Schachspiel sind es besonders die Läufer und Springer, welche die besprochene Wirkung ausüben.

Hat A eine grössere Armoostia als B, und ist er stark genug, um B anzugreifen, so muss er soweit als thunlich vermeiden, seine Kräfte zu binden und seine höhere Armoostia darin bethätigen, dass er zunächst seine Drücke auf die verwundbarsten Straten von B lenkt.

Ginge nämlich A ohne irgend welche Vorbereitung B entgegen, so würde er von seinem Plus an Armoostia keinen Vortheil haben, da dann die Umstände, an die B sich nicht so gut als A anpassen kann, gar nicht vorkommen würden. Hält aber A seine Straten von der Druckwirkung von B möglichst fern, so erleidet er in seinen Dispositionen die geringste Beschränkung und kann am ehesten jene speciellen Verhältnisse, in denen er grössere Wirkung als B besitzt, herbeiführen.

Man denke, als Beispiel, an den Kampf von Reiterei gegen Fussvolk.

Es seien drei Gruppen, A, B und C, vorhanden. A und B gehören derselben Partei an, C sei der Gegner. A sei C gewachsen oder ihm sogar überlegen. B habe fast gar keine Armoostia (ein gefesselter Riese), C muss dann B in den verwundbarsten Stellen angreifen, oder anzugreifen drohen, und wird dabei auf A einen ungeheuren Zwang ausüben.

Dieser Typus ist von grosser Wichtigkeit, denn sein Einfluss ist fast bei jeder Lage einer Machee mehr oder weniger fühlbar.

Der Beweis des Satzes liegt vornehmlich darin, dass die Straten geringer Armoostia — welcher Ursache deren momentane Verkleinerung auch entspringen mag — im Verhältniss zu ihrer Leistungsfähigkeit eine ausserordentlich schwache Defensivkraft haben, daher den Angriff des Macheeiden einladen. Ein Macheeide darf, seiner Definition gemäss, eine Gelegenheit, machische Vortheile zu erlangen, nicht unbenutzt lassen. Der Stratos A wird die Zeit, in der C die Wirkung seiner Straten auf B lenkt, ebensowenig ungenützt verstreichen lassen. Daher wird A zum Angriff auf C, insbesondere di im Angriff auf B thätigsten Theile desselben, in höchster Eile vorschreiten. Ein Kampf der beweglichsten Theile von A gegen die beweglichsten Theile von C wird sich entspinnen, und C wird sich hierin vertheidigend, gegen B aber angreifend verhalten. Dabei werden die weniger beweglichen Theile von A und C wenig mehr als Zuschauer sein.

Die verschiedenen Typen treten selten in reiner Form, dagegen in jeder Machee und in jeder Stellung derselben mit einander verbunden auf. Das Manöver des Macheeiden wird daher, dieser Mischung der Typen Rechnung tragend, alle die verschiedenen besprochenen strategischen Grundsätze auf einmal zum Ausdruck bringen; es wird, mathematisch gesprochen, die Resultate verschiedener einfacher Manöver sein, welche, einzeln für sich betrachtet, aus den aufgestellten Sätzen herleitbar sind.

Daraus lässt sich denn eine in allgemeinen Zügen gehaltene Skizze des Verlaufs der Machee herleiten.

Die Gruppe der Straten, welche eine ihrer Leistungsfähigkeit wenig entsprechende Armoostia haben, weil auf sie bereits ein grosser Druck lastet, wird Zielpunkt des gegnerischen Angriffs sein. Die Punkte, auf die der Gegner einen kleinen Druck ausübt, von denen aus aber ein Stratos eine starke Wirkung entfalten kann, werden geeignete Standplätze oder Stützpunkte des Stratos sein. Auf anderen Punkten werden Straten nur vorübergehend weilen können. Straten grosser defensiver Armoostia werden benutzt werden, um einen schwer zu durchstossenden, zusammenhängenden Wall (Ring, Linie, einen Schild oder eine Art Haut) zu bilden, welcher die Aufgabe hat, die beweglichen Straten des Gegners in ihrer Wirkung zu beeinträchtigen oder (infolge einer Art Schirmwirkung) einen Raum schwachen Druckes zu bilden, welcher zur Aufstellung der eigenen, wirkungsstarken Straten relativ kleiner Armoostia sehr geeignet ist. Und Straten grosser aggressiver Armoostia werden den in dieser Weise geformten Wall des Gegners zu durchstossen oder zu durchlöchern suchen.

Stehen die feindlichen Straten weit entfernt, ist also deren Druck ausserordentlich klein, so wird der Macheeide, wenn er nicht die Anzahl seiner Straten vergrössern oder deren Wirkungsfähigkeit heben kann, sich ganz der

„Organisation" widmen. Der Zweck derselben ist Verringerung der Eigenobstruktion (einer Art Reibung), Hebung der Armoostia durch zweckmässige Gruppirung der Straten und Bildung des Vertheidigungswalles gegen die allerbeweglichsten Straten des Gegners, deren Hauptzweck Desorganisation ist. Ein Process der Organisation, Desorganisation und Reorganisation geht in einer Machee jeden Augenblick vor sich.

Um zu der vorhergehenden Beschreibung des machischen Vorgangs Beispiele zu liefern, braucht man nur irgend wo in's Leben hineinzugreifen. Im Fechten ist es klar, dass die Spitze des Degens Sitz der Attacke ist, der Rumpftheil des Degens zur Wallbildung dient, die übliche Anfangsstellung die Position grösster Armoostia sein soll, Auge, Handgelenk und Füsse der Fechter werthvolle Straten sind, während deren Rumpf und Kopf die Rolle schwächlicher Schützlinge bilden. Die Strategie macheeidischer Fehler wird jeden Augenblick von dem Ermüdungszustande wie der Beweglichkeit von Auge, Handgelenk und Fuss, der Art der Bewegung der Degen und Handgeienke, der Anstrengung, die zur Aenderung dieser Bewegungsvorgänge nothwendig ist, sowie der Lage und Beweglichkeit der exponirten Körpertheile bestimmt sein. Man kann sie genau untersuchen nur, wenn man die physiologischen Gesetze für das Auge, das Handgelenk und die Füsse kennt. Nachdem diese Kenntniss erlangt ist, reduzirt sich die Theorie des Fechtens auf eine reine Gehirnarbeit, wie sie sich symbolisch auf einem Brett und Figuren nach Art des Schachspiels zum Ausdruck bringen liesse. Um die Fechtkunst auszuüben, muss man durch eine Periode der Trainirung gehen, in der Auge, Handgelenk, Fuss und die entsprechenden Nerven und Gehirnzellen sich für das Fechten „organisiren" oder (in gewohnter Ausdrucksweise) in der man sich die Technik der Fechtkunst aneignet.

Es ist ähnlich beim Boxen. Hier ist die Faust Sitz des Angriffs, die Armknochen sind zur Wall- oder Schildbildung geeignet; die Schwächen sind vor allem eine bestimmte Stelle am Kinn, sowie Nase und Augen. Auge und Fuss sind hier wieder werthvolle Straten, daneben noch die Armmuskeln. Einige andere Muskeln, ferner Körpergewicht und schliesslich die Beweglichkeit des Kopfes (zur Vermeidung von Stössen) sind ebenfalls von Bedeutung. Dagegen spielt das Handgelenk hier gar keine Rolle.

Oder betrachten wir die Machee eines Geschäftsmannes.

Der Nutzen, den seine Thätigkeit oder seine Waaren der Gesellschaft bringen, die Arbeit oder der Geldeswerth, den sie ihr ersparen, stellt seinen zum Angriff geeigneten Stratos dar. Die Ankündigung in jedweder Gestalt ist ein Heer leicht beweglicher Straten, die zum Angriff dienen und in die Punkte grossen feindlichen Druckes vorgesandt werden. Sein Geld und Kredit sind seine Armoostia. Die Buchführung ist der Wall. Der Feind ist das Bessere. Andere feindliche Straten sind zu lösende Aufgaben, wie das Einholen von Ordres, die Versendung und Einkassirung.

Der Machee-ide löst sie nach dem Princip der Sparsamkeit, das später besprochen wird. Das machische Feld wird durch die aufzehrende und kaufende Gesellschaft, derer Gesetzgebung und die Kaufkraft des Geldes gebildet.

---

# Das Prinzip der Arbeit

In dem Masse, wie die Straten Theile des machischen Feldes unter Feuer nehmen, die Wirkungen feindlicher Straten vernichten, durch Drohungen deren Armoostia vermindern oder überhaupt zielfördernd wirken, verrichten sie „machische Arbeit“. Die Grösse dieser Arbeit kann man mit grosser Genauigkeit abschätzen. Zwar ist die machische Arbeit kein so einfacher Begriff wie die Arbeit der Maschinen. Diese zu messen, ist, wenigstens principiell, nicht schwierig. Der Physiker kennt einige Formeln, um mechanische, thermische, elektrische Arbeit oder die Arbeit anderer Erscheinungsformen von Kraft genau zu bestimmen. In einer Machee tritt die Arbeit in den allerverschiedensten Gestalten auf. Im Kriege sind es die Anzahl der wahrscheinlichen Treffer eines Kugelregens, die zählen; und wenn der Feind durch die Drohung des Feuers in seiner Beweglichkeit behindert ist, ist die Arbeit potenziell und an der Verminderung der feindlichen Wirkung zu messen. Beim Boxen ist die Arbeit durch die Ermüdung der Muskeln des Gegners zu bestimmen. Und da jede Muskel für das Boxen einen verschiedenen Werth hat, so ist sie, wie die Mathematiker sich ausdrücken, eine lineare Funktion der Ermüdung der einzelnen Muskeln. Im Schach sind es das

Schlagen der Figuren, die Beherrschung der Fluchtfelder des Königs und der Angriff auf die Felder, wo Bauern zur Umwandlung vorschreiten, die in Betracht kommen. Der Werth jeder einzelnen dieser Arbeitskategorien ändert sich mit der Stellung ein wenig. Man ersieht wohl schon an diesen Beispielen, dass eine annähernde Schätzung der Arbeit, wenn auch schwierig, immer möglich ist.

Es ist einleuchtend, dass der Erfolg eines Heeres von Straten ganz von deren Arbeitsleistung abhängt. Sie müssen w i r k e n, um zu siegen. Es gab eine Zeit, wo die Kriegsführung dies vergessen hatte. Zur Zeit Friedrichs des Grossen wollte man durch Finessen im Manövriren gewinnen, indem man etwa dachte, wenn ein etwas besserer Stratege einen schlechtern, der ein kleines Uebergewicht an Truppenmacht hat, schlägt, so wird ein vorzüglicher Stratege einen grossen Unterschied in der Streitmacht durch die Geschicklichkeit seines Manövrirens wett machen können. Es hat dies aber seine natürliche Grenze, wenn der Gegner nicht a u c h durch blosses Manövriren gewinnen will, sondern fortgesetzt nach Wirkung strebt.

Das Genie des Macheeiden beruht einfach in seiner Fähigkeit, mit seinem Stratenheere so viel Arbeit als möglich zu vollbringen. Der Macheeide strebt daher in jedem Augenblicke nach Wirkung. Sind etwa die Schwächen des Gegners grosse, also dessen Armoostia gering, so greift er heftig an. Hat der Gegner eine starke Stellung, so schwächt er dessen Armoostia durch die Drohung der Wirkungsvermehrung. In jedem Falle sind die Manöver des Macheeiden darauf berechnet, etwas zu leisten.

Die Leistungsfähigkeit einer Gruppe von Straten heisse deren „Werth". Man thut dem Worte damit keineswegs Gewalt an. Wenn auch die Welt sich nicht gern an ein Princip bindet, wo es sich um eine Werthschätzung von Personen und Einrichtungen handelt, wer möchte bestreiten, dass es im Grunde die einzige objektive Art ist, Werthe zu bestimmen, wenn man sie den Leistungsfähigkeiten gleich setzt?!

Der Macheeide wird aus einer Stratengruppe desto mehr Arbeit gewinnen, je höher ihr Werth ist. Man kann dies scharf beweisen. Angenommen, beim Beginn der Machee habe der Macheeide die Wahl, welche von zwei Stratengruppen A und B er seinem Heere einverleiben will. Da A und B dem Macheeiden nur Vortheil bringen, insoweit sie bei der Lösung von Aufgaben mithelfen, so wird die Entscheidung des Macheeiden unzweifelhaft zu Gunsten der Stratengruppe grösserer Leistungsfähigkeit ausfallen. Der Macheeide aber kann sich nicht irren, denn er könnte ja im Voraus die eumachische Bahn des kommenden Kampfes berechnen. Daher wird er thatsächlich aus der Stratengruppe grösserer Leistungsfähigkeit den grösseren Vortheil ziehen.

Wir nennen diesen Satz das *Princip der Arbeit* oder das *Werthprincip*.

Um aus dem Stratenheere grosse Wirkung zu erzielen, muss man eine kleine Aufgabe einem geringwerthigen Straten überweisen. Denn die Pflicht der Erfüllung einer Aufgabe vermindert die Armoostia eines Stratos und damit die aus ihr sonst noch zu gewinnende Arbeit.

Auf Straten, die eine grosse Wirkung ausüben, wird der Angriff des Gegners sich am ehesten richten. Sie müssen also so aufgestellt und beschützt werden, dass es dem Gegner gewaltige Opfer kostet, sie zu vertreiben oder zu vernichten. Jedes Manöver kostet Anstrengung und muss dafür entweder durch einen aus ihm resultirenden Zuwachs an Wirkung oder durch ein Näherkommen an Wirkung entschädigen. Dabei ist die Verminderung der Wirkung des Gegners als eine positive Leistung in Rechnung zu setzen. Beim eumachischen Manöver ist das Verhältniss zwischen Zuwachs an Wirkungsfähigkeit und Anstrengung ein Maximum.

Je grösser die Wirkungsfähigkeit ist, desto grösser die Anstrengung, die der Gegner machen muss, sich der schliesslichen Wirkung zu entziehen. Es ist dies eine Definition oder ein Axiom, je nach dem Standpunkt, den man einnehmen will.

In der Gesellschaft giebt es im Wesentlichen zwei Methoden der Belohnung, die der Leistungsfähigkeit und die der Leistung. Eine Leistung kann man messen. Die Leistungsfähigkeit zu eruiren, ist schwieriger. Macht man sie zum Massstab, so wird dem Deuteln, der Verschleierung u. s. w. das Thor geöffnet.

In einer macheeidischen Gesellschaft wären beide Arten der Belohnung dieselben.

Eine Gesellschaft die ihre Glieder nur nach ihrer Arbeit belohnt, entwickelt sich zum Macheeiden. Ihre Belohnungen erzeugen Arbeitseifer, wo er am meisten nützt.

---

Wer sich von Leistungsfähigkeit erfüllt glaubt, sollte zu leisten versuchen. Nicht Originalität oder ihr Mangel, nicht das Thunkönnen, — wenn-man-wollte, nicht die Kritik der Arbeiten Anderer, nicht Muth, Selbstvertrauen, Ueberlegenheitsgefühl zählt, sondern einzig die Vollbringung.

---

Erbaue, und wenn Du niederreissest, ersetze! Denke und handle konstruktiv, auch wenn Du entmuthigt bist. Zerstören, ohne aufzubauen, ist amachisch.

---

Es ist nicht der Charakter eines Mannes, der Hass und Liebe erzeugt, sondern die ihm zugeschriebene Wirkung.

Erkenne Dich selbst, denn nur dann kannst Du wissen, welcher Leistungen Du fähig und unfähig bist.

---

Frage bei allen Dingen nach ihrer Leistung und der Anstrengung, die sie kosten, und bewerthe sie demgemäss.

---

# Das Prinzip der Sparsamkeit

Der Macheeide ist seiner Natur nach unendlich sparsam mit der ihm zur Verfügung stehenden Energie. Daher wird, wer dem Macheeiden nahe zu kommen strebt, auch dann noch alle möglichen Manöver kritisch untersuchen, wenn e i n Weg, Vortheil mit geringer Anstrengung zu erlangen, klar auf der Hand liegt. Dieser Satz ist so einleuchtend, dass er banal klingt. Indessen wird er sehr selten befolgt. Nichts charakterisirt die Mittelmässigkeit besser, als ihre Art, billige Erfolge einzuheimsen.

Die Verführung zu vorschnellem Handeln ist niemals so gross, als wenn der Gegner einen Angriff vorbereitet. Man ist dann versucht, Sicherungsmanöver zu machen. Doch unterlässt der Macheeide jedes solche Manöver, das durch die Drohungen des Gegners nicht absolut erzwungen ist. Denn einerseits zehrt jedes Vertheidigungsmanöver Energie auf, andererseits wird dem Gegner die Nothwendigkeit, es zu erzwingen und dabei Energie auszugeben, erspart, und er kann seinem Angriff einen neuen Zielpunkt geben, weil durch das überflüssige Sicherungsmanöver irgend ein Manko entsteht.

Das erste Sicherungsmanöver jeder Machee ist die Wallbildung. Der Macheeide wird, wie aus der vorangegangenen Erwägung hervorgeht, den Wall nirgend stärker als nothwendig machen und ihn so weit in das machische Feld schieben, dass er dem Drucke des Feindes nur gerade Stand halten kann und der Feind ihn also bereits durch ein kleines Opfer zurückdrängen kann. Doch, wohlgemerkt, muss es dem Feinde ein Opfer kosten, dies zu thun.

Die Unterlassung jeder Vertheidigung, solange die Drohungen des Gegners ohne weitere Anstrengung parirt werden können, erfordert Muth und Einsicht. Die drohende Gefahr muss genau analysirt werden; es muss untersucht werden, ob eine wirkliche oder nur scheinbare Gefahr vorliegt, und erst dann darf gehandelt werden.

Ist eine Parade nothwendig, so muss sie, um dem Princip der Sparsamkeit zu entsprechen, mit der allergeringsten Anstrengung, die noch genügt, ausgeführt werden.

Und selbst, wenn der Macheeide Verluste nicht abwenden kann, muss er dem Principe der Sparsamkeit zu entsprechen versuchen. Er muss immer noch, unbekümmert über das hereinbrechende Unglück, die Drohung des Gegners genau analysiren und so verfahren, dass der Ueberschuss seines Energieverlustes über den des Gegners so klein als möglich sei.

Der Macheeide ist also von panikartigen Furchtempfindungen gänzlich frei. Er ist immer objektiv.

Bei der Allgemeinheit machischer Begriffe

darf es nicht Wunder nehmen, dass diese Sätze weiter anwendbar sind, als es zuerst erscheint. Die Regeln über die Strategie der Vertheidigung gelten nicht bloss in einem Kampfe zwischen zwei oder mehr Gegnern, sie sind auch gültig, wenn ein Mensch mit einer Aufgabe ringt, und daher auch für den Künstler oder Gelehrten.

In dieser Verbindung sind die Sätze sogar von besonderem Interesse; denn sie sind dem strebenden Künstler oder Denker ein Kompass, der ihm unter unendlich vielen, ihm offenstehenden Möglichkeiten den Weg weist. Der vom Schaffensdrange erfüllte Mensch ringt mit einer Idee, die gebieterisch verlangt, von ihm künstlerisch zum Ausdruck gebracht oder mit wissenschaftlicher Strenge untersucht zu werden. Der Künstler beherrscht die technischen Mittel seiner Kunst — Worte, Farben, Töne, bildsamen Stoff — und er will ein Werk schaffen, das die Gefühle in eine bestimmte Bewegung versetzt. Der Forscher sieht ein Räthsel und will es begreiflich machen. Das machische Feld ist das Gefühlsleben oder das geistige Leben der Gesellschaft. Genügen sie — der Künstler wie der Gelehrte — der Idee in ihrem ganzen Umfange, jedoch mit den sparsamsten Mitteln, also eumachisch, so schaffen sie ein Kunstwerk oder einen wissenschaftlichen Fortschritt. Jeder Mangel an Sparsamkeit wird als Hässlichkeit empfunden. Jede unmotivirte oder überflüssige Anstrengung ist hässlich. Und schön (oder wissenschaftlich) von bleibender Bedeutung ist jedes absolut sparsam Ausgeführte.

Ein Schriftsteller wird kurze Worte den längeren, Worte und Wortverbindungen, die tiefer wurzeln, den einer späteren Entwickelungsperiode entstammenden, Abwechslung der Wiederholung vorziehen, er wird associirte Gedanken für Uebergänge nutzbar machen und unnöthige Schärfe des Gedankenbildes meiden. Es ist klar, dass er so mit der Aufmerksamkeit des Lesenden am sparsamsten verfährt. Ein Schauspieler, der durch Worte und Handlungen eine dramatische Person glaubwürdig verkörpern will, wird nur da — durch Gesten, Mienenspiel, Emphase — eine Anstrengung zum scharfen Individualisiren machen, wo er dem Zuschauer seine Aufgabe, die Person zu begreifen, wesentlich erleichtert Thut er es sonst, so verstimmt er den Zuschauer.

Wer es unangenehm empfindet, dass hier das Princip des Schönen vor das Tribunal des analysirenden Verstandes gefordert ist, wird gebeten, anerkannt gute Kritiker über Kunstwerke oder Künstler zu lesen. Der Kritiker verlangt möglichste Einfachheit der Mittel, doch zugleich völlige Erschöpfung des Motives und die Abwesenheit alles unnöthig Ermüdenden (daher: Deutlichkeit, scharfe Charakterisirung und Verständlichkeit). Was er sonst noch verlangt, betrifft die Technik des Künstlers oder die Idee, aus der das Kunstwerk hervorging, nicht mehr die Ausführung. Mithin erscheint der Schluss wohlberechtigt, dass die Proportionalität von Mittel und Wirkung, wie sie das Princip der Sparsamkeit fordert, der einzige Massstab ist, den der schaffende Künstler anlegen darf.

Das Verstehen ökonomischer Werke ist immer von einer Gefühlswallung begleitet, die sehr stark ist, wenn beim ersten Eindruck das Werk unökonomisch zu sein scheint. Man denke beispielsweise an Witzworte (scheinbare Mehrdeutigkeiten, scheinbare Wiederholung von Worten, jedoch thatsächliche Deutlichkeit und Kürze).

Zeigt ein Werk einen offenbaren Mangel an Oekonomie und bringt es dadurch oft begangene Fehler zum Bewusstsein, so wirkt es humoristisch, wie die Anstrengungen eines Clowns, lange, aus schönklingenden Worten zusammengesetzte, aber nichtssagende Sätze und Karikaturen.

---

Vor einigen Jahren schrieb Wagner das Buch vom einfachen Leben, das grossen Eindruck machte. Die Art der Ausführung einer Handlung ist einfach, wenn sie dem Princip der Sparsamkeit genügt. Einfachheit ist also das Merkmal eines objektiven Menschen. Der nicht einfache Mensch will oder kann nicht blos der Wahrheit oder der Sache dienen. Seine Complizirtheit ist Beweis, dass er nicht blos das thun will, was, wie er uns glauben machen möchte und vielleicht selbst glaubt, sein Ziel ist. Ein anderes Motiv verwirrt ihn. Gewöhnlich ist Complizirtheit die Folge des Dranges, zu prunken, sei es mit einem Reichthum oder mit einer Schönheit. Wahre Schönheit folgt aber dem Principe der Sparsamkeit, ist also einfach. Und auch die Naturgesetze sind einfach, wie sich in dem alten Worte Simplex sigillum veri ausspricht.

# Gleichgewicht und Uber-gewicht

Angenommen, der Macheeide A habe die Aufgabe, eine feindliche Macht B im Schach zu halten. Zu diesem Zwecke sei er aufgefordert, ein Heer von Straten zu sammeln und aufzustellen. Doch sei aus irgend welchen Gründen ihm hierbei Sparsamkeit geboten, sodass ein Ueberfluss an Jonten ihm nicht gestattet sei. Was würde unter diesen Umständen geschehen? —

Der Macheeide wird die Aufgabe nicht für unlösbar erklären. Hätte er eine sehr grosse Anzahl von Jonten zur Verfügung, so könnte er B vernichten. Wenn er allerdings zu wenig Jonten beanspruchte, so könnte er der Aufgabe nicht genügen. Aber in der Mitte zwischen diesen beiden Extremen wird die Anzahl der Jonten, die ihm die ökonomische Erfüllung der Aufgabe gestattet, zu finden sein.

Der Macheeide wird daher die Macht von B und dessen Stellung, sowie den Theil des machischen Feldes, in welchem er Aufstellung nehmen soll, studiren. Er wird sich dann Kampfbilder vorstellen, die er beim Zusammentreffen mit B für wahrscheinlich hält, und danach die Art und Menge der Jonten, deren er benöthigt, bestimmen. Er wird die Zusammenwirkung seiner Straten in Rechnung setzen und so das Gebot der Sparsamkeit zu erfüllen trachten. Nachdem sein Entscheid getroffen und das Heer, wie er es verlangte, ihm unterstellt ist, wird er es die Stellung grösster Armoostia einnehmen lassen und auf Eröffnung der Feindseligkeit seitens B warten.

Unter diesen Umständen steht das Heer von A mit B im machischen Gleichgewicht. B kann auf keine Weise gegen A einen Vortheil erreichen, ohne zugleich einen zum mindesten gleichwerthigen Verlust zu erleiden, da ja A als Macheeide bei dem Versuche der Lösung einer lösbaren Aufgabe sich nicht irren kann und daher B im vollsten Sinne des Wortes im Schach zu halten vermag. Andererseits kann auch A, solange B eumachisch manövrirt, gegen ihn keinen Vortheil erlangen, ohne einen zum mindesten äquivalenten Nachtheil mit in Kauf nehmen zu müssen. Denn sonst würde A, seiner Weisung zuwider, eine für seinen Zweck zu grosse Anzahl von Jonten beansprucht haben.

Dieser Zustand ist charakteristisch für das Vorhandensein des machischen Gleichgewichts.

Stehen A und B im Gleichgewicht und erhält A ein Plus an Jonten oder Armoostia, oder unterwirft sich B einem Verlust an Jonten oder Armoostia, so hat A das machische Uebergewicht über B oder kurz gesagt, er ist gegen B im Vortheil. Ist dies der Fall, so muss B alle die Stellungen vermeiden, in denen A mit seinem Plus einen Ueberdruck auf einen Theil von B konzentriren kann, und ist demnach zu einer weit stärkeren Wallbildung als sonst erforderlich wäre, oder zur fortgesetzten Flucht gezwungen.

---

Betrachten wir zur Anwendung der bisherigen Erwägungen die Machee des Verstehens einer Wahrheit! Das Gehirn ist ein Heer von Zellen, und eine Idee ist weiter nichts als ein Bewegungsvorgang in ihnen, der aller Wahrscheinlichkeit nach elektrolytischen Ursprung hat. Da Bewegungen in der Natur niemals ein Ende haben, so schwingt sich eine Idee langsam aus, bis sie auf die Gesichts- und anderen Muskeln tritt, um sich dort in Lachen, Weinen, Mienenspiel und anderen Bewegungen auszulösen. Bei diesem Vorgang erzeugt sie assoziirte Ideen, wie etwa ein Ton Obertöne. Der Widerstand der Gehirnzellen gegen die Idee verzehrt Energie und führt somit zu der Umlagerung widerspenstigen Zellenmaterials und zur schliesslichen Erniedrigung des Widerstandes gegen die Idee. Als Endergebniss erscheint es, als ob man sich an die Idee oder den sie hervorbringenden Reiz gewöhnt habe.

Wenn nun ein Gedanke einem Gehirn auf irgend eine Weise, z. B. durch die Sprache oder machische Vorgänge suggerirt wird, so bahnt sich ein Complex von Bewegungsvorgängen an, der um so weniger Umfang und desto mehr Stärke hat, je deutlicher der Gedanke ist. Ist der Angriff des Reizes zu schmerzhaft, so entsteht Zellenmassenmord, der Unaufmerksamkeit oder Unlustgefühle erzeugt. Die auf Nervenbahnen geleitete Idee und die Unaufmerksamkeit stehen also im Kampfe.

Das Nachdenken ist ein Gedankenprocess, bei dem zur Erreichung eines vorschwebenden Zieles ein Such-Apparat in Thätigkeit tritt. Wie ein Insekt Fühler ausstreckt, um durch Tasten die Umgebung zu untersuchen, so sendet nach Erhalten des Reizes, der die Aufgabe übermittelt, ein Organ im Gehirn elektrische Ströme aus. Und wie das Insekt aufhört zu suchen, wenn es ein befriedigendes Ergebniss gefunden zu haben wähnt, so handelt auch das Organ. Es wird dann plötzlich durch einen Instinkt gehemmt, der das Gedächtniss der Erfolge und Misserfolge bei der Ausführung solcher Such-Aufgaben chrystallisirt und zum grössten Theile ererbt, zum mindesten Theile erworben ist.

Ein eumachischer Ideenreiz ist, der Definition nach, von der Art, dass er seiner Aufgabe mit den sparsamsten Mitteln gerecht wird. Er vermeidet also jede unnöthige Ermüdung des Empfängers des Reizes.

Man kann auf die Machee zwischen Reiz oder Gedanke und dem Gehirn des Empfängers überhaupt alle strategischen Ueberlegungen anwenden.

Gleichgewicht der Machee tritt ein, wenn der Reiz gerade noch erträglich, der Gedanke gerade noch verständlich ist.

Andernfalls hat Ideenreiz oder Gehirn ein Uebergewicht, je nachdem ein Anpassen des Hirnes an den Reiz oder Gedanken unmöglich oder möglich ist.

---

Man könnte mit gutem Rechte gegen di befolgte Schlussweise Einwände erheben. Existirt denn in Deiner Philosophie der Zufall nicht? — Willst Du uns mit der Plattheit, dass es einen Zufall nicht giebt, antworten? — Ist der Zufall nicht ein mächtiger Faktor in allem Leben, beschränkt, wie es nicht anders sein kann, durch Unkenntniss? — Oder bist Du anmassend genug, für Uebermenschen schreiben zu wollen? Ich bitte Dich, lieber Leser, um Verzeihung. Vielleicht hätte ich von vorneherein sagen sollen, wie ich diesen unbequemen Begriff des Zufalls, des Glücks und Unglücks der Schlussweise einordnen will. Es ist wahr, auch ein Macheeide kann trotz der Umsicht seiner Vorkehrungen einem unglücklichen Zufall zum Opfer fallen. Was sich ereignen kann, muss ja gelegentlich zur Wirklichkeit werden. Aber ein dem Zufall unterstehendes Ereigniss ist doch dem Gesetze der Wahrscheinlichkeit unterworfen. Es besagt, dass bei einer ausserordentlich vielfältigen Wiederholung der Umstände, die das Geschehniss möglich machen, die Zahl der Fälle seiner Verwirklichung sich einem ganz bestimmten Prozentsatz der Zahl jener Wiederholungen ausserordentlich annähert.

Wenn demnach in einer Machee, wo der Zufall eine Rolle spielt, der Macheeide A bei der Lösung der ihm früher gestellten Aufgabe alle diese Zufälle und die Wahrscheinlichkeit ihres Eintreffens mit erwogen hat, so wird er B wenigstens in dem Sinne im Schach halten, als die Gefahr des Verlustes für B genau so gross sein wird, als für A. Und wer von den Beiden ein Manöver unternimmt, dessen Vortheil der Wahrscheinlichkeit nach einen gewissen Werth repräsentirt, der wird aus denselben Gründen, wie sie oben angegeben sind, einen Verlust erleiden, dessen wahrscheinlicher Werth den wahrscheinlichen Vortheil mindestens aufwiegt. Mit anderen Worten, wenn die Machee zwischen A und B, die sich im machischen Gleichgewichte befindet, häufig wiederholt wird, so werden die von A eroberten Werthe ebensogross als die von B sein, solange B sich eumachisch verhält. Sonst werden sie grösser sein. Hat A aber ein Uebergewicht, so werden unter diesen Bedingungen die von A gewonnenen Werthe immer grösser sein als die von B, ob B eumachisch manövrirt oder nicht. —

— — — — — — — — — — — — — — —

Ein sehr einfaches Beispiel dieser Art liefern die Roulette-Tafel und die Kartenspiele. Beim Roulette hat die Bank einen Vortheil, wie man aus elementaren Erwägungen ersehen kann. Infolgedessen gewinnt sie bei einer grossen Anzahl von Wetten, gleichgültig, welche Manöver die Spieler ausführen. Viele glauben, dass durch Befolgung eines bestimmten Systems die Bank zu schlagen ist, und dass sie nur der Planlosigkeit wie der Menge der Spieler ihren Erfolg verdankt. Es ist dies aber ein Irrthum. Durch die beliebte Methode der Erhöhung der Einsätze bei fortgesetztem Verlust wird die Wahrscheinlichkeit des Gewinnes erhöht, der Gewinn selbst ist aber klein und wird durch den zwar wenig wahrscheinlichen, früher oder später aber dennoch eintretenden Verlust aller Wetten mehr als aufgewogen. Das umgekehrte System, Erhöhung der Wetten beim Gewinn, „mit dem Gelde der Bank", wie die Spieler sich ausdrücken, ist ebenso fehlerhaft, da die Höhe des zu erzielenden Gewinnes die häufigen kleinen Verluste nicht aufwiegt.

Es ist überhaupt gleichgültig, wie man wettet. Man erleidet immer einen wahrscheinlichen Verlust, der einem bestimmten Prozentsatz der gewagten Gesammteinsätze gleichkommt. All dies kann man leicht rechnerisch darthun. Es ist eumachisch, nicht zu wetten, da die Bank das Uebergewicht hat und der Erfolg der Wenigen nicht im Verhältniss zum Verlust der Meisten steht.

Wer bei den Kartenspielen, wie Skat, Whist, Bridge seine Objektivität bewahrt, ist am Schluss erfolgreich. Solange ein Spieler sich in vollständiger Unkenntniss über die Vertheilung einiger Karten befindet, darf er keine einzige der vorhandenen Möglichkeiten ausser

Acht lassen, und muss so vorgehen, dass sein Manöver einen grössten „wahrscheinlichen Gewinn" ergiebt.

Er muss also jede mögliche Vertheilung in Betracht ziehen, den von einem Manöver M bei jeder einzelnen dieser Möglichkeiten erreichten Gewinn oder erlittenen Verlust aufnotiren, den Durchschnitt aller dieser Grössen als „wahrscheinlichen Gewinn von M" in Rechnung setzen, und aus allen möglichen Manövern M dasjenige bevorzugen, das den grössten wahrscheinlichen Gewinn erzielt.

Ein Spieler, der so verfährt, wird sich niemals über Unglück beklagen oder durch Glück in einen Taumel versetzt werden. Die eintretenden Ereignisse sind von ihm immer vorhergesehen. Bei den oben genannten Spielen findet ein machisches Gleichgewicht statt. Sehr gute Spieler, die sich miteinander engagiren, werden nach vielen Spielen im Verhältniss zu den umgesetzten Summen äusserst geringe Gewinne erzielen oder Verluste erleiden.

Der Zufall ist im Geschäftsleben von grosser Bedeutung. Den Versicherungsgesellschaften ist vom Staate ein „wahrscheinlicher Vortheil" erlaubt, der ihre Geschäftsunkosten decken, das Risiko der Unternehmer bezahlen und den Klienten einen Gewinnantheil gestatten soll. Bei Unfällen gehen Versicherungsgesellschaften gelegentlich zu Grunde. Doch giebt es viele Tausende solcher Gesellschaften, die ein blühendes Geschäft betreiben.

Ein Geschäftsmann hat häufig die Gelegenheit, sich bei einem Wagniss zu betheiligen. Das Schicksal des Unternehmens lässt sich selten vorhersehen. Es ist eumachisch, den wahrscheinlichen Gewinn des Unternehmens soweit als möglich zu berechnen und mit dem Vortheil, den der anderweitige Gebrauch des Kapitals oder Kredits bringt, in Vergleich zu setzen.

Sind ganz unbekannte Faktoren zu berücksichtigen, so müsste zunächst jede Anstrengung Kenntniss über sie zu gewinnen, gemacht werden. Wenn man nicht unter grossem Zwange handelt, ist es sehr thöricht, sich unvorbereitet in solch ein Wagniss zu stürzen, denn die erlangte Kenntniss schützt gegen die Gefahr, dass man betrogen wird oder sich in seinen Erwartungen täuscht und gestattet kraftvolles Handeln, z. B. an der Börse. Die Verhältnisse und taktischen Massnahmen, wie sie eben besprochen wurden, wiederholen sich in allen Macheeen, wo der Zufall eine Rolle spielt. In ihnen allen ist die Erkundung und die Wahrscheinlichkeit zu erwartender Ereignisse von praktischem Werthe. Doch werden die erörterten Grundsätze der Strategie von diesem Umstande nicht beeinflusst. Sie bleiben unabänderlich dieselben, wenn auch die eumachische Bahn der Machee durch jede Zufallserscheinung unstet wird. Nach Eintritt des zufälligen Ereignisses wird der Macheeide unentwegt seinen strategischen Principien weiter folgen. Das Ereigniss erweckt in ihm keine Emotionen, da er die Möglichkeit seines Eintreffens bereits in Betracht gezogen hatte. Und wenn, wie im Kriege, die Zahl der Straten sehr gross ist, so kann man die Zufälligkeiten der Machee (Anzahl der Treffer, Platzgreifen der Panik etc. etc.) durch Durchschnittszahlen mit grosser Annäherung an die Wahrheit bestimmen und den Zufall beinahe ganz eliminiren. —

Und hier ist es vielleicht am Platze, auf eine menschliche Schwäche aufmerksam zu machen, der viel Menschenglück zum Opfer fällt und die zugleich beweist, wie sehr ein universelles Studium der Strategie zu wünschen ist. —

Alle jene Hunderttausende, die in nutzlosen Wettspielen ihre Menschenwürde und ein gut Theil ihres Lebensglückes vergeuden, sind Opfer einer falschen Auffassung. Man könnte meinen, dass sie einfach vom Geiste des Wagens geleitet werden. Doch nein, was ihnen den Antrieb giebt, ist ihr Glaube an eine von ihnen gefundene Methode. Ich habe viele Hunderte von intelligenten Männern gesprochen, die von der Güte ihres besonderen Verfahrens, Karten oder Roulette zu spielen, auf Pferderennen oder Kursbewegungen etc. zu wetten, überzeugt waren, obwohl bei kritischer Besichtigung ihr Irrthum klar auf der Hand lag. Doch es ist mir nie gelungen, auch nur e i n e n von ihnen von seiner Ueberzeugung abzubringen.

Ihr System war ihnen ein abgöttisch verehrter Fetisch, und wer es bemängelte, zog sich ihren Tadel zu. Im Innern seines Herzens verehrt jeder Glücksspieler solch einen Götzen, wenn er auch, wie ein Heide, seine Götter gelegentlich durch andere ersetzt. Im Momente, wo der Götze gestürzt wird, hört der Spieler auf, seiner Leidenschaft zu fröhnen, bis er sich wieder einen neuen Gott zurechtgezimmert hat. Dann packt ihn die neu erweckte Hoffnung, leicht und schnell reich zu werden. —

Was ist nun eine solche Methode anders als eine falsch verstandene strategische Massnahme? — Ist es wahrscheinlich, dass wer strategische Wahrheiten erfasst hat, einem derartigen Irrglauben keinen harten Widerstand entgegensetzen sollte? — Die Antwort liegt auf der Hand. —

---

Die Methode, ein Uebergewicht über einen nicht fliehenden Gegner zur Geltung zu bringen, ist in grossen Zügen geschildert, wie folgt. Ist die Armoostia des Feindes klein, und hat man Zeit, so strebe man danach, die Beweglichkeit des Gegners noch mehr zu verringern. Dadurch treibt man ihn zum Verzweiflungsangriff. Hat man wenig Zeit, so greift man den Feind, nachdem seine Armoostia verkleinert worden ist, energisch an. Ist aber die Armoostia des Gegners gross, so muss man sie zunächst verringern. Dies wird durch Drohungen erreicht, die gedeckt werden müssen. Dadurch „binden“ sich einige Kräfte auf beiden Seiten ganz oder zum Theil. Durch weitere Drohungen, vorzugsweise auf die Deckungen, die ja bereits in ihrer Beweglichkeit und Widerstandskraft Einbusse erlitten haben, erzwingt man dann weitere Deckungen. Ist nach Fortsetzung dieses Prozesses die Armoostia des Gegners beinahe erschöpft, und behält man noch freie Kraft, so entscheidet diese den Kampf durch Angriff auf eine Schwäche, deren Deckung nun unmöglich geworden ist. Auf diese Weise kann man einen entscheidenden Sieg erringen. Als Beispiel diene etwa ein philosophischer oder richterlicher Streit, wo der überlegene Theil zunächst den Entscheid ei ger Fragen erzwingt, der beide Disputanten in der Auswahl der Argumente beschränkt. Zum Schluss entscheidet dann ein unwiderleglich gewordenes Argument.

Der eben beschriebene Prozess wird der überlegenen Partei erleichtert, wenn zwei gleiche Kräfte der beiden Gegner sich gegenseitig festlegen oder vernichten. Die schwächere Truppe muss sich demnach vor Bindungen gleicher Kräfte hüten

---

Beim Fechten, Boxen, Jiu-Jitsu etc. besteht die Bindung der Kräfte in der Ermüdung der beiden Parteien. Es ist daher für den stärkeren Theil vortheilhaft, durch drohende Bewegungen, die zu ihrer Parade etwa so viel Energie kosten als der angreifende Theil zur

Drohung ausgiebt, den Gegner langsam zu erschöpfen. Ein gewaltsamer Angriff des schwächeren Theils, richtig gedeckt, wird den Ermüdungsprozess nur beschleunigen, da bei eumachischem Verhalten die Ueberlegenheit einer Partei durch kein denkbares Manöver der andern zu erschüttern ist. Durch die fortgesetzte Schwächung des Auges, der kritischen Ueberlegung etc. ergeben sich dann grössere Angriffsgelegenheiten. Können z. B. beim Fechten die Gegner nicht mehr so sicher sehen oder so stark und schnell das Handgelenk bewegen wie bei Beginn des Duells, so ist es für den überlegenen Theil vortheilhaft, eine etwas gewagtere Stellung als vorher einzunehmen, wofern nur die Wucht seines Stosses oder Hiebes und die Anzahl seiner Drohungen dabei zunimmt. Und je mehr die beiderseitige Ermüdung fortschreitet, desto mehr exponirt sich der gute Fechter, um aggressiver zu wirken. Doch muss der Fechter, nach dem über Strategie gesagten, bei seinem Angriff die Schwäche des Gegners in Betracht ziehen, also gerade diejenigen Schläge ausführen, zu deren Parade der Gegner in seinem Ermüdungszustande der grössten Anstrengung bedarf. Ist es ihm z. B. gelungen, die Aufmerksamkeit des Gegners durch häufige Wiederholung desselben Rhytmus von Schlägen einzuschläfern, so muss er seine Angriffsmethode auf diese Ermüdung der Aufmerksamkeit basiren, also blitzschnell den Rhytmus brechen.

# Das Prinzip der Logik und Gerechtigkeit

Stellen wir uns auf einer vielgestaltigen Oberfläche zwei im Kampfe stehende Heere vor, die, aus Reiterei, Fussvolk, Artillerie und, wenn man will, noch anderen Waffengattungen bestehend, in irgendwelchen Stellungen gelagert Wirkungen aufeinander ausüben, Bewegungen ausführen, Angriffe mit dem Bayonett, der Lanze und dem Säbel durchführen, kurz ein wechselreiches Gefechtbild darbieten! Es sei solch ein Gefecht das Abbild einer Machee. Wir stellen die Aufgabe, die Lage zu analysiren.

In jedem Augenblick werden von den beiden Parteien Anstrengungen gemacht. Sei die Zeit, innerhalb der die Geschehnisse des Kampfes betrachtet werden, sehr klein, etwa eine Milliontel Sekunde. Dann werden einige Kugeln über das Gefielde schweben, einige Muskeln werden sich ein wenig bewegen, ein Mann wird sinken, ein Schuss vorbereitet werden, das Gehirn des Feldherrn beginnen, einen strategischen Gedanken zu bilden, Munitionskarren ein wenig vorwärts rollen, eine Fluchtbewegung angebahnt werden, etc. etc. Es werden nur kleine Aenderungen der Lage vor sich gehen.

Die Gesammtheit aller kleinen Bewegungen einer Partei sei „ein kleines Manöver“ genannt. Beide Parteien vollführen also in jedem Augenblicke ein kleines Manöver.

Die Wirkungen, die ausgeübt werden, haben eine bestimmte Richtung. Das Feuer jedes einzelnen Gewehres und jeder Batterie ist z. B. dahin gerichtet, wo die Ziele nahe und dicht sind. Ist der Kampf eumachisch, so wird jede einzelne Wirkung in der Richtung der grössten Leistung vor sich gehen. Ist er beinahe eumachisch, so wird die Wirkung beinahe in der Richtung des Leistungsmaximums liegen.

Infolgedessen zerfällt das Gefecht in eine Reihe kleiner Gefechte. Hier kämpft Mann gegen Mann, dort ein Haufe gegen einen Haufen, Batterie gegen Batterie etc.

Jeder Waffe ist in jedem Augenblicke ein begrenzter Bereich, in dem sie sich mit Vortheil bewähren kann, vorgeschrieben.

Zerlegen wir nun das Gefecht in alle seine Theilgefechte. Deren Anzahl kann natürlich sehr verschieden sein. Der Deutlichkeit und Kürze halber wollen wir sie gleich hundert setzen. Hundert Haufen der einen Partei, $A_1$, $A_2$ $A_{100}$ genannt, kämpfen also gegen hundert Haufen der andern Partei, $B_1$, $B_2$ $B_{100}$ genannt. $A_1$ wirkt auf $B_1$, $A_2$ auf $B_2$ u. s. f. $A_1$ wirkt nicht auf $B_2$, weil $B_1$ für $A_1$ in der betrachteten Lage und Zeit ein weit besseres Ziel abgiebt.

Die Zertheilung des Gefechtes geschieht also nach dem Princip des Leistungsmaximum.

Es sei $A_1$ $B_1$ überlegen. Dann wissen wir, dass $A_1$ Mittel hat, diese Ueberlegenheit zur Geltung zu bringen. $B_1$ steht also unter einem Drucke, der es schliesslich in eine befestigte Lage oder zur Flucht zwingen würde, wenn nicht die Rücksicht auf seine Kameraden einen Einfluss auf seine Manöver hätte. Folgte $B_1$ seinem egoistischen Triebe, so würde die Wirkung von $A_1$, die von $B_1$ absorbirt ist, zum grossen Theile frei werden und sich gegen $B_2$, $B_3$ wenden können.

$B_1$ steht also nicht blos unter dem Drucke der Wirkung von $A_1$, sondern auch unter der Nothwendigkeit, zum Wohle des Ganzen eine bestimmte Function zu erfüllen.

Auch $A_1$ steht unter einem doppelten Zwange. Würde es sich darauf beschränken, gegen $B_1$ eumatisch zu verfahren, so würde sein Uebergewicht zu spät oder nicht wuchtig genug in die Wagschale fallen. $A_1$ muss demnach ebenfalls einem altruistischen Zwange, der sich aus der Gefechtslage ergiebt, gehorchen.

Man kann annehmen, dass jeder mögliche Verlauf des Kampfes zwischen $A_1$ und $B_1$ bekannt sei. Verstehen heisst ja, Verwickeltes auf Einfaches zurückführen. Um die Machee zwischen dem Heere $A_1$ $A_{100}$ und dem andern $B_1$ $B_{100}$ zu begreifen, muss man also zum mindesten die Macheen $A_1$ gegen $B_1$, $A_2$ gegen $B_2$ etc. verstehen.

Da $A_1$ gegen $B_1$ im Vortheil ist, so muss $B_1$

früher oder später Hülfe gebracht werden. Die Partei A hat gegen die Partei B in dem Theilgefecht $A_1$ versus $B_1$ eine „Drohung“, deren Parade eine der Functionen der $B_2$, $B_3$ ist.

Die Drohungen erzwingen die Ausführung von Manövern. Jedem kleinen Manöver entspricht eine kleine Anstrengung. Wenn Muskeln bewegt werden, so ermüdet, je nach der nothwendigen Energieausgabe, das Herz. Wenn die Aufmerksamkeit auf ein bestimmtes Ziel gerichtet ist, so erfordert es Zeit und Nervenspannung, ein anderes Ziel zu verfolgen. Wenn gefeuert wird, so vermindert sich der Vorrath an Patronen. Wenn man sich dem Feinde nähert, so wird dessen Feuerleistung grösser. Wenn man sich ihm irgendwie besser bemerkbar macht, so macht man ihm die Erkundung der Lage leichter, er kann also mit grösserer Genauigkeit zielen. Erstlich macht man bei der Ausführung eines Manövers also eine physische Anstrengung, zweitens wird im Verlaufe der Handlung die Wirkung des Gegners grösser und drittens werden die machischen Wirkungsmittel (z. B. Patronen) verbraucht. Alles dies fassen wir unter dem Namen „Anstrengung“ zusammen. Offenbar ist die Leistungsfähigkeit eines Mannes, der mit Gewehr, Patronen, Bayonett etc. bewaffnet ist, durch Vergleich mit anderen ähnlich bewaffneten Männern bestimmbar. Sie ist eine messbare Grösse. Die Leistungsfähigkeit ist jeden Augenblick von verschiedenen Faktoren (z. B. Anzahl der Patronen, Frische etc.) abhängig. Sie ist auch mit der Zeit veränderlich. Sie ist also eine Function der Zeit und verschiedener anderer Faktoren. Die Anstrengung erniedrigt die Leistungsfähigkeit der eigenen Partei und vergrössert die der anderen Partei. Ihr Mass ist die Verringerung der eigenen plus der Vergrösserung der feindlichen Leistungsfähigkeit. Sie ist also eine messbare Grösse, die von der Zeit und verschiedenen anderen Faktoren abhängt.

Jedem kleinen Manöver entspricht eine Veränderung, im Allgemeinen eine Vergrösserung, der Differenz der von beiden Parteien ausgeübten Wirkungen. Hat man sich dem Feinde genähert, so wird die Eigenwirkung gesteigert. Hat man eine günstige Deckung aufgesucht, so wird die feindliche Wirkung vermindert. Hat man eine seitliche Stellung eingenommen, so ist die Treffwahrscheinlichkeit der abgeschossenen Kugeln erhöht.

Führt man also ein kleines Manöver aus, so werden auf Kosten der Leistungsfähigkeit im Allgemeinen Eigenwirkungen gesteigert, Gegenwirkungen vermindert und in jedem Falle werden Wirkungen ein wenig verändert.

Viele Manöver kosten Opfer und sind dennoch eumachisch. Wenn ein Haufe Reiterei sich in Bewegung setzt, um eine Batterie anzugreifen, so leidet zunächst die Reiterei entsetzlich. Die Kugeln richten eine wahre Verwüstung unter ihr an. Kommt die Reiterei am

Ziel an, so ist die Batterie dem Feinde verloren. Die Kanoniere müssen fliehen oder werden von der Lanze oder dem Säbel hingemäht. Kleine Manöver, die eumachisch sind, sind daher nicht immer an sich vortheilhaft. Sie sind es nur infolge der gesteigerten Wirkungsfähigkeit, die dadurch erlangt wird.

Jedem unendlich kleinen Manöver entspricht somit noch ein bestimmtes Ziel, ein Wunsch, eine zu erfüllende Aufgabe. Und einer ganzen Reihe solcher Manöver, die erst in einer endlichen Zeit ein grosses Manöver ausmachen, entspricht derselbe Wunsch, dieselbe Aufgabe. Eine Aufgabe, die sich $A_1$ im Kampfe gegen $B_1$ setzt, ist zum Theile abhängig von der Machee zwischen den Beiden — insofern nennen wir sie eine Elementaraufgabe und betrachten ihre Lösungsart und ihren Lösungsverlauf als bekannt — und zum Theile hängt sie von der $A_1$ gesetzten Function ab — und insofern bildet sie einen Theil des Planes von $A_1$ der die Gefechtsführung von A in der betrachteten Zeit mitbestimmen hilft.

Wenn z. B. $A_1$, trotz seines Uebergewichts über $B_1$, sich zurückzieht, so deutet dies Manöver auf den Plan des A hin, einem Angriffe auf $A_1$ zuvorzukommen oder das Schwergewicht seiner Operationen zunächst auf einen anderen Theil des Feldes zu legen, oder sich überhaupt zurückzuziehen. Oder greift $A_1$ $B_1$ lebhaft an, so will A die B-Partei zwingen, $B_1$ Hülfe zu bringen und dadurch die aus kämpfenden Haufen und Reserven zusammengesetzten $B_2$ $B_{100}$ zu schwächen.

Der Macheeide hat die Fähigkeit, den Plan seines Gegners und den Wunsch, dem der Plan entspringt, aus seinen Manövern zu lesen. Die Manöver reden zu ihm eine Sprache, die er versteht. Sie sind wie ein vom Gegnerischen Macheeiden vorgebrachtes Argument, das er begreift und auf das er antwortet, indem er Gegenmanöver ausführt.

Die Sprache der Manöver einer Machee hat, wie eine Sprache, die man redet, ein Wörterbuch und eine Grammatik. Jedes Elementar-Manöver ist ein Wort, eine Aneinanderreihung solcher Manöver ein Satz, der einen Gedanken ausdrückt. Wie man in vielen lebenden Sprachen dieselben Worte und dieselben Gedankenverbindungen wiederfindet, so giebt es in allen Macheen gewisse Sätze, die im Grunde auf die nämliche Weise ausgedrückt sind. Um dies klar zu stellen, muss man von allem Unwesentlichen absehen und die charakteristischen Umstände der Machee in Betracht ziehen.

Diese charakteristischen Umstände ergeben sich aus der Untersuchung der Schwächen der Heere, der Wirkungen der Straten und dem Drucke, der auf den Punkten des machischen Feldes lastet.

Eine Schwäche ist eine Menge von Leistungsfähigkeit, die in Form von Soldaten, Gewehren, Pferden, Kanonen etc. so aufgestellt ist, dass sie den Angriff des Gegners einladet. Ist die Anstrengung, die der Gegner machen muss, die Schwäche anzugreifen, gross, so steht der Heerestheil unter einem kleinen Drucke. Je kleiner diese Anstrengung ist, umso grösser ist der auf ihr lastenden Druck. D e r v o n A a u f e i n e n P u n k t e a u s g e ü b t e D r u c k i s t, a l l g e m e i n i n d i r e k t proportional d e r A n s t r e n g u n g, d i e A m a c h e n m u s s, u m i n d e m P u n k t e e i n e g a n z b e s t i m m t e W i r k u n g, s a g e n w i r d i e E i n h e i t d e r W i r k u n g a u s z u ü b e n. Der Druck ist also desto kleiner, je besser deckend das Terrain um den Punkt ist, je weiter entfernt A steht und je mehr Gefahren A laufen muss, um sich dem Punkte zu nähern oder dort überhaupt seine Wirkung zu verstärken.

Die thatsächliche Wirkung von A auf einen Punkt hängt davon ab, ob der Punkt durch den Gegner besetzt und wie gross die Schwäche des dort befindlichen Heerestheils ist.

Zwischen der thatsächlichen Wirkung, oder, wie wir auch sagen können, der momentanen Arbeit eines Stratos und dem von ihm auf alle Punkte des machischen Feldes ausgeübten Drucke besteht also ein bedeutsamer Unterschied. Der Druck auf einen Punkt ist vorhanden, gleichgültig, ob der Punkt vom Feinde besetzt ist oder nicht. Der Feind besetzt Punkte grossen Druckes, durchschreitet Zonen grossen Druckes ungern. Die Werthe des von den beiden Parteien in den Punkten des machischen Feldes ausgeübten Druckes sind daher von grossem Einfluss auf die Manöver der Gegner. Diese Werthe geben in Zahlen, somit in genauester Weise, die Auffassung wieder, die der Feldherr sich vom Terrain des Schlachtfeldes macht. Das Gehirn des Feldherrn sieht im Terrain weiter nichts als Beziehungen zwischen Druckäusserungen. All dies gilt für jede Machee, nur muss man sich die Mühe nehmen, die gemachten Bemerkungen als ein Gleichni zu verstehen.

Es liegt kein Grund vor, warum man alle diese Grössen nicht streng mathematisch berechnen könnte. Denn in allen bekannten Macheen zeigt es sich, dass bei zunehmender Erfahrung und Geschicklichkeit des Feldherrns eine Art Instinkt in ihm entwickelt wird, den man Urtheilsfähigkeit oder „Blick" nennt, und der ihm eine schnelle und dennoch ziemlich genaue Abschätzung dieser Werthe gestattet. Man denke sich diese Urtheilsfähigkeit vervollkommnet, wie sie es beim Macheeiden ist. Diese Vorstellung ist gewiss nicht absurd. Also ist es auch nicht unlogisch, anzunehmen, dass die drei betrachteten Dinge: Schwäche, Wirkung, Druck, genaue mathematische Werthe haben.

Gesetzt nun, dass die Werthe dieser Grössen bekannt seien, gesetzt, dass die Aenderungen dieser Grössen durch die möglichen Manöver ebenso genau festgestellt seien, so lässt sich eine Art Wörterbuch der Manöver der Machee niederschreiben, gleichgültig, welcher Natur und Art die Machee sei. Hier folgen einige Sätze und ihre Uebersetzung in die Sprache der Manöver.

Ich bringe meine Kräfte zur Entwicklung. Manöver, die auf gleichmässige Vertheilung des Druckes abzielen.

Ich greife die Schwäche A an. Anhäufung von Wirkung auf A.

Ich werde A angreifen. Anhäufung von Druck auf A.

Ich setze mich in Vertheidigungszustand. Die grössten Schwächen begeben sich an Plätze geringsten Druckes. Die der feindlichen Wirkung am meisten ausgesetzte Linie hat sehr kleine Schwächen, ist schwer erkundbar und leicht beweglich.

Ich drohe die Truppe A zu vernichten. Anhäufung von so grossem Druck auf A, dass eine sehr kleine Anstrengung genügt, die Truppe zu vernichten.

Deine Drohung ist nur Schein. Ruhige Weiterentwickelung der Kräfte, oder völlige Ruhe, trotz Ansammlung feindlichen Druckes auf eine Schwäche.

Ich entziehe mich Deiner Drohung durch Flucht. Bewegung der bedrohten Schwäche nach Plätzen niederen Druckes.

Ich trotze Deiner Drohung. Manöver, die die Anstrengung, die der Feind zur Drohungsausführung machen muss, erheblich vergrössern.

Wenn Du Deine Drohung ausführst, so wird es Dir zum Schaden gereichen. Man macht eine Gegendrohung auf eine Schwäche des Feindes, deren Deckung den Gebrauch seiner zum Angriff verwendeten Straten benöthigt.

Ich will Dich angreifen. Anhäufung von Druck auf viele Schwächen des Gegners.

Du hast kein Recht, zu erwarten, dass Dein Angriff gelingt. Entwickelung und kleine Anhäufung von Druck auf die gegnerischen Schwächen.

Mein Angriff kommt Dir zuvor. Man verhindert den Feind an der Verfolgung des Prozesses der Anhäufung von Druck durch Gegenangriff.

Du bist stärker als ich. Fluchtbewegung nach Plätzen niederen Druckes.

Ich weiche, doch nimm Dich in Acht. Langsame Fluchtbewegung unter Druckanhäufung auf die Punkte, von denen aus der Feind grossen Druck ausüben könnte.

Ich werde Dich später angreifen. Operationen, die die Verminderung der feindlichen Armoostia bezwecken.

Ich greife Dich vielleicht an. Besetzung von Punkten niederen Druckes durch Straten kleinen Werthes, die von dort verhältnissmässig grossen Druck ausüben.

Ich werde mich später vertheidigen, ohne zu fliehen. Verminderung des zukünftigen Druckes durch Deckungen.

Ich werde eine Zeit lang Stand halten. Man besetzt Punkte geringen Druckes, von denen aus grosse Wirkung möglich ist, mit sehr beweglichen Straten.

Ich beabsichtige zu fliehen. Die Straten geringer Armoostia werden in die entfernt liegenden Punkte geringen Druckes entsandt.

Ich setze Alles auf diese eine Karte. Grosse Ansammlung von Druck auf eine Schwäche, trotzdem die dabei nothwendigen Operationen durch Zonen grossen Druckes führen. Gänzliches Ausserachtlassen zukünftiger feindlicher Drohungen.

Ich habe dasselbe Recht wie Du. Man ahmt das Manöver des Gegners unter sehr ähnlichen Umständen nach.

Ich habe mehr Recht wie Du. Nachahmung des feindlichen Manövers unter günstigeren Bedingungen.

Dein Angriff ist verfehlt. Man treibt eine Truppe, die grossen Druck ausübt, durch Angriff zur Flucht.

Mein Angriff ist verfehlt. Die Straten, die grossen Druck ausübten, begeben sich nach Plätzen niederen Druckes.

Ich falle, doch ich verkaufe mein Leben nur um theuren Preis. Ausübung von Wirkung auf feindliche Straten, die Plätze grossen Druckes betreten. Keine Fluchtbewegung.

Ich bin verzweifelt. Hüte Dich. Angriffsbewegung oder Vorbereitung gegen einen überlegenen Gegner.

Du bist verloren, ich brauche Dich nicht anzugreifen. Die Armoostia des Gegners ist beinahe erschöpft. Man nimmt eine Vertheidigungsstellung ein.

Du musst mich angreifen oder Du bist verloren. Operation, die die Armoostia des Gegners sehr klein macht.

Dein Erfolg ist unbedeutend. Fortsetzung des Kampfes nach Verlust einer Schwäche.

Der Erfolg, nach dem Du strebst, hat sehr wenig Werth. Der angegriffenen Schwäche wird keine Hülfe gebracht, ihr Verlust aber so theuer als möglich verkauft. Energische Verfolgung eines Gegenangriffs oder sonstigen Planes.

A ist nicht stärker als B. Wägen wir sie. B tritt mit A in Kampf ein. Keine Seite macht eine Fluchtbewegung.

Ich gestehe, dass A stärker als B ist. Man deckt eine Drohung von A gegen B durch Flucht von B oder Sendung von Hülfstruppen.

Ob A stärker als B ist, interessirt mich nicht. B vertheidigt sich gegen einen Angriff von A, macht aber nicht die geringste Anstrengung zum Gegenangriff auf A.

Ich will Dich ganz und gar vernichten. Operationen, die auf die Erschöpfung der Armoostia des Gegners abzielen.

Ich will Dich zur Flucht zwingen. Grosse Anhäufung von Druck auf die Stellung des Gegners, während keine Anstrengung gemacht ist, seine Fluchtbewegung zu erschweren.

Ich will Dir sehr schwere Verluste beibringen. Starker Angriff wird vorbereitet, während die Flucht-Armoostia des Gegners sehr beeinträchtigt wird.

Du bist der stärkere, doch Du hast kein Recht, so viel

*(von mir oder dem Schicksal) zu verlangen.* Man betritt einige Plätze grösseren Druckes, um später zum Angriff überzugehen, obwohl man augenscheinlich der schwächere Theil ist. Dieser Angriff ist auf diejenigen Truppen des Gegners gerichtet, die ausserordentlich drohende Stellungen einnehmen wollen.

*Ich nutze den gegebenen Moment aus.* Man macht grosse Anstrengungen.

*Der Zeitpunkt für die Krisis ist noch nicht gekommen.* Man macht kleine Anstrengungen.

*Die Krisis naht.* Einnahme von Punkten kleinen Druckes, von denen mit nicht sehr grosser Anstrengung Wirkungen ausgeübt werden können.

*Ich weiss, dass meine Stellung schwer zu halten ist, doch ich werde mein Bestes thun.* Mühselige Vertheidigung. Ganz geringer Gegenangriff. Zurückziehen, wo Standhalten nicht erzwungen ist.

Die Grösse, Art und Lagerung der Schwächen, des Druckes, der Deckungen etc. sind natürlich ungemein verschieden und geben der Sprache der Manöver eine unendliche Mannigfaltigkeit. In Einzelheiten einzugehen wäre daher unmöglich, ist aber auch unnöthig. Denn worauf es bei unserer Ueberlegung im wesentlichen ankommt, ist die Existenz dieser Sprache und die Thatsache ihrer Erlernbarkeit. Beides muss, selbst von einem widerwilligen Gehirne, zugestanden werden. Existirt doch auch im Kampfe um's Dasein eine Sprache ohne Worte, die in Körper- und Handbewegungen, im Mienenspiel und im Feuer des Auges sich ausdrückt, und die auch die Thiere sehr wohl verstehen. Und haben wir doch das Entstehen neuer derartiger Sprachen miterlebt, wie etwa die der Pistolenkämpfer, bei denen Handbewegungen nach der Hüfte als Angriffseinleitung und das Emporwerfen der Hände als Angriffsaufgabe verstanden werden.

Wie jedem Manöver ein Gedanke zu Grunde liegt, so entspricht umgekehrt jeder Ansicht über die Natur der Schwächen, der Funktionen der einzelnen Straten, des Druckes etc. eine Reihenfolge von Manövern. Der Feldherr urtheilt über diese Dinge und sein Entschluss ist eine Folge seiner Anschauung. In seinem Gehirn vollzieht sich der Vorgang in dieser Richtung. Zuerst kommt die Analyse der Lage, dann der Wunsch, eine ihm vorschwebende Gefechtslage zu erzwingen, zum Schluss das Auffinden einer Reihe von Manövern, die der selbst gestellten Aufgabe gerecht werden.

Somit ist die Machee auf dem Felde von iner andern Machee begleitet. Die Schlacht ist körperlich, die Begleitmachee rein ideell, weiter nichts als ein in der Sprache der Manöver geführter Disput zwischen den Feldherren.

Der Sieg auf dem Felde bedeutet zugleich einen ideellen Sieg im Streite der Gedanken.

Man kann die Begleitmachee mit einer mathematischen Abhandlung, einem richterlichen Streite oder den Verhandlungen eines gesetzgebenden Körpers vergleichen. Ist die ursprüngliche Machee ein Kampf zwischen mehr als zwei Parteien, so kann es auch die Begleitmachee sein, die dann wie ein Redekampf eines Parlaments verläuft. Im Allgemeinen drängen die Verhältnisse aber auf eine Machee zwischen zwei Parteien oder die Lösung einer Aufgabe durch e i n e Partei. Daher ist das bedeutsamste Prototyp der Begleitmachee der Rechtsstreit oder die mathematische Aufgabe.

Nun gilt für diese beiden Kampftypen das Princip der Arbeit wie das der Sparsamkeit.

In einem Rechtsstreit werden von beiden Seiten Ansprüche erhoben. Die eine Partei klagt an, macht eine Behauptung, bringt Argumente, sie zu stützen, vor. Die andere Partei vertheidigt sich, versucht einige der Behauptungen zu entkräften und macht Gegenbeschuldigungen. Punkt für Punkt werden von einem objektiven Richter die Beweisgründe erwogen. Nach Entscheid aller wesentlichen Momente fällt er das Urtheil. Angaben, die nicht zur Sache gehören, lässt er nicht discutiren. Er wägt widersprechende Momente ab. Also besteht er auf der Anwendung des Werthprincips. Gute Rechtsanwälte machen keine unnützen Anstrengungen. Mithin erkennen sie das Princip der Sparsamkeit an.

Es ist ähnlich beim mathematischen Satz. Seine Lebenskraft ist von seiner Fähigkeit, dem Forschen nach Wahrheit zu dienen, abhängig. Mithin gilt hier das Princip der Arbeit. Sein Beweis muss so kurz, seine Aussage so umfassend als möglich sein. Das Prinzip der Sparsamkeit ist also hier in Kraft.

Wenn die Machee eumatischen Verlauf nimmt, so kann die Begleitmachee nicht amachisch sein. Man erweist dies wie folgt. Jedes Argument, das in der Begleitmachee vorgebracht werden könnte, hat seinen Ausdruck in Manövern der Machee, und ebenso umgekehrt. Denn, ob man Gedanken durch den Schall oder durch Handlungen mittheilt, ist im Grunde genommen gleichgültig. Mithin kann ein amachisches Manöver der einen Machee nicht in der anderen, ihr parallel laufenden, eumachisch sein.

Betrachten wir nun den Kampf um's Dasein. Dort werden vielerlei Angriffe ausgeführt, Zwang wird ausgeübt, Vertheidigung und Gegenangriff folgt, ein äusserst wechselreiches Gefechtsbild bietet sich dort dar. Seine Begleitmachee ist ein geistiger Prozess, eine Art Kritik, der jeder Vorgang des Lebens unterworfen wird. Wird ein Zwang ausgeübt, so fragt die Kritik sogleich nach dessen Berechtigung. Wird ein Verlangen gestellt, so wünscht man dessen Rechtfertigung zu hören. Wird eine Wahrheit verkündet, so drängt uns ei innere Stimme nach ihrer Wägung. Wird ein Beweis vorgelegt, so untersucht man, ob dessen Logik unanfechtbar sei. Bei allen diesen Vorgängen zeigt es sich, dass die Partei, die im Kampfe um's Leben angreifen oder zwingen will, sich vor der Kritik verantworten muss.

Wer in der Machee angreift, muss sich also in der Begleitmachee vertheidigen. Und dies gilt ganz allgemein. Sobald ein Angriff unternommen ist, fragt sich der Vertheidiger: Ist der Angriff gerechtfertigt, ist er logisch? — Und kommt er zu dem Ergebniss, dass dem nicht so sei, so kann er nicht umhin, diese Anschauung durch ein Manöver auszudrücken oder wenigstens ausdrücken zu wollen. Der Angreifer der Machee muss sich dann gegen den gemachten Vorwurf vertheidigen. Er sinnt über Manöver nach, die die Behauptungen seines Gegners entkräften sollen. Es ist, als wäre er vor einem Richter, sagen wir Macheus, angeklagt, es sich anzumassen, Zwang auszuüben oder ausüben zu wollen. Die Anklage ist in der Sprache der Manöver, die allein vor Macheus gebraucht werden darf, geschrieben. Seine Vertheidigung ist aus seinen Gegenmanövern zu lesen. Erfolg oder Misslingen des Angriffs wird von Macheus vorgeschrieben, je nachdem der Kläger, der Vertheidiger der Machee, sich im Unrecht oder Recht befindet.

Nun folgt der Vertheidiger jeder Machee dem Principe der Sparsamkeit. Er macht keine Anstrengung, die nicht durch die Massnahmen seines Gegners erzwungen ist. Wo er kann, lässt er die Stellung der Straten gänzlich ungeändert. Nur dem Zwang giebt er nach, und ihm nur insoweit, als seine Kraft es erheischt. Seine Strategie ist daher leicht zu begreifen und auszuführen.

Da nun der Angreifer der Machee sich in der Begleitmachee in der Vertheidigung befindet, so verfährt er so, dass seine Manöver in die Sprache der Begleitmachee übersetzt, den Charakter der Sparsamkeit haben. Er fährt mit seinem ursprünglichen Angriff ungestört fort, ehe nicht die Manöver der Vertheidigung eine Aenderung nöthig machen. Dann erst macht er — in der Begleitmachee — eine Anstrengung, indem er einen neuen Gedanken zum Ausdruck bringt. Und so fährt er, in der Begleitmachee logisch und sparsam, bis zum Entscheid fort.

Dieser Grundsatz, der die Strategie des Angreifers bestimmt, heisse d a s P r i n c i p d e r G e r e c h t i g k e i t u n d L o g i k. Im Kampfe des Lebens ist es ja immer die Gerechtigkeit und die Logik einer aggressiven Handlung, die in Frage kommt. Wir wollen uns daher die Freiheit nehmen, dieses Bild auf den vor Macheus sich abspinnenden Streit zu übertragen.

Nach diesem Principe sind die Manöver eines eumachischen Angreifers eindeutig vorgeschrieben. Wenn es wahr ist, dass es nur e i n e unendlich sparsame Art, einer Aufgabe zu genügen, giebt, so kann also auch der Angriff nur auf e i n e unendlich logische und gerechte Art durchgeführt werden.

Damit aber haben wir im Wesentlichen das gesteckte Ziel erreicht. Jede Machee besteht ja aus Manövern der Entwickelung, des Angriffes und der Vertheidigung. Nach den aufgestellten Sätzen ist also jeder Vorgang einer Machee seinem Wesen nach erklärt.

---

Handel bringt Dinge von wo sie in Fülle vorhanden sind zu den Plätzen, wo sie gebraucht werden. (Emerson). Nur insoweit ein Geschäft dieser Aufgabe gerecht wird, hat es Existenzberechtigung. Und nur in dem Masse, als es seine Berechtigung nachweist, kann es sich auf die Dauer lohnen. Der Kaufmann, der mehr als den objektiven Werth seiner Leistung erzielen will, ist wie der Feldherr, der auf die Ausnutzung einer kleinen Schwäche des Gegners zu hohe Erwartungen setzt. Die Uebertriebenheit ihrer Wünsche wird für Beide verhängnissvoll.

---

Ein Redner muss eine Botschaft haben.

Er muss nicht Interesse e r w e c k e n wollen, das Interesse muss schon rege sein, aber er muss den Rohstoff verarbeiten. Er muss (nach dem Prinzip der Arbeit) mit jedem Satze etwas Neues und Wesentliches sagen. Er muss seine Gedanken (nach dem Princip der Sparsamkeit) so systematisiren, dass in jedem Augenblick die bereits in Fluss gesetzte Denkkraft der Hörer für das Verständniss der folgenden Argumente mit ausgenutzt wird. Er muss (nach dem Principe der Gerechtigkeit) seine Emphase, seine Wortmalerei und seine beste Kraft für die Stellen aufsparen, wo er den tiefsten Eindruck machen will, und er darf den Gelegenheiten, die Einbildungskraft der Hörer anzufeuern, weder aus dem Wege gehen, noch sie übertreiben.

---

Der Lehrer und der Arzt sind Ersatzmittel für Organe, die die Natur noch nicht entwickelt hat. Der tiefstehende Mensch braucht keinen Lehrer oder Arzt, er hat sie in sich. Sein Körper ist so beschaffen, dass beim Schlafe oder in der Ruhe ein in seinem Innern wohnender, sehr weiser, geschickter und erfindungsreicher Arzt alle Schäden erkennt und ausbessert. Im Hirne wohnt ein uralter Instinkt, der nutzbringende Aufgaben stellt und die Verschwendung der Denkkraft durch die Phantasie hemmt. Beim modernen Menschen hat die Natur noch nicht Zeit gehabt, einen den verwickelten Verhältnissen des modernen Lebens angepassten Lehr- und Arztinstinkt zu schaffen.

Leider fassen sich unsere Lehrer und Aerzte nicht als Organe auf. Sonst würden sie die von der Natur bereits geschaffenen Organe dieser Art als Modell benutzen und bessere Arbeit liefern.

Der Arzt im Blute ist immerfort wach und thätig. Er verhindert die Einführung feindlicher Bazillen, bekämpft sie, wenn sie eindringen, und bereitet ein Antitoxin, das Nachschub des Feindes vernichten soll, dabei ist er Stratege genug, sich grosse Anstrengungen bis zu dem Augenblicke, wo sie erzwungen sind, aufzusparen. Dann aber greift er entschlossen an, und setzt, während der Körper in Fieberschweiss gebadet ist, jede verfügbare Kraft daran, den Sieg zu erringen.

Will er eine Medizin einführen, so versucht er keinen Zwang, sondern erregt Appetite.

Wird die Menschenrasse von einer neuen Krankheit angefallen, so lernt er sie besiegen. Sie verliert mit der Zeit ihre Virulenz und stirbt aus.

Der Lehrer im Hirne straft nicht. Er erregt Wünsche, deren Erfüllung eine Anstrengung erheischt. Sei nun die Anstrengung von Erfolg gekrönt oder nicht, er prägt dem Gedächtnisse eine Lehre ein, wie die Kraft einzusetzen war, welches die zu bewältigenden Hindernisse und wie stark sie waren. Zum Schlusse ordnet er diese Lehren, so dass man sich ihrer leicht erinnern kann.

---

Man sagt, dass die Musik der Ausdruck der Freude sei. Ich glaube es nicht. Freude schafft rhytmische Bewegung überhaupt, die besondere Provinz der Musik ist es, Wunsch und Angst auszudrücken. Die Millionen Wunsch-

und Furchtempfindungen, die durch Vererbung und als Erlebniss in uns aufgestapelt sind, werden durch Musik in Fluss gebracht, und das Gehirn des Hörers schafft sich unwillkürlich Vorstellungen, die den geweckten Empfindungen konkretes Leben verleihen. Ohne Zweifel ist dieser Vorgang nicht ganz gesetzlos. Der Musikkritiker und Dichter kennt diese Gesetze, wenn er sie auch nicht genau definiren kann. Insoweit als die Einwirkung der Musik auf das Gemüth Gesetzen gehorcht, ist sie eine Art Telegraphie. Jedem Ton entspricht ein Gefühl und ein Bild, dem Musikwerk eine Reihe von Gefühlen und Bildern, die sich kaleidoskopartig an einander reihen und ein Märchen oder einen Traum erzählen. Wie der vollendete Redner den drei Principien des Kampfes gehorchen muss, so auch der vollendete Tondichter. Die Harmonie ist der Ausdruck der Defensive. Sie verzehrt ein Mi imum an Nervenkraft. Ihr entspricht ein ruhiger Fortgang in der Erzählung. Die Disharmonie ist aggressiv und erfordert somit Begründung und Rechtfertigung. Sie bringt ein Kampfmoment in die Erzählung. Die Tonstärke ist der natürliche Ausdruck des Gefühlsgrades, der Leidenschaft. Die Melodie ist das Thema der Erzählung. In der Begleitmachee eines musikalischen Werkes, deren Schauplatz das Gemüth eines musikkritischen Hörers ist, wird die Logik der erzählten Traumgeschehnisse untersucht und die Berechtigung der erzeugten Gefühlswirkungen nach den Satzungen einer Art Musikmoral abgeurtheilt. Im Leben ist jedes Handeln unmoralisch, was ein Element unberechtigter Bevorzugung enthält. So ist es auch in der Musik. Man muss aber ihre telegraphische Zeichensprache verstehen lernen, um die einzelnen Paragraphen ihres Gesetzbuches lesen zu können. Und dies erfordert ein Studium der Psychiologie des Menschen. —

---

Die hier erörterten Anschauungen findet man in den besten Kritiken der besten Komponisten in der einen oder andern Form wieder. So sagt Lawrence Gilman in seiner Besprechung von Claude Debussy auf S. 881 der North American Review von 1906: . er thut Dinge, die denen, deren Aufgabe es ist, die alten Kunstregeln hoch zu halten, fast anarchisch erscheinen. Doch, wenn man seine Sprache versteht, erkennt man eine zwar unaufdringliche, aber unerbittliche Logik. Bei der Besprechung von Pelleas et Melisande sagt der Kritiker: Es ist nicht nur unmöglich, sich das Stück mit einer andern Musik verbunden vorzustellen, es ist schwierig, wenn man das lyrische Werk hört, sich es von seiner musikalischen Begleitung losgelöst zu denken. Man sieht also den Satz von der Eindeutigkeit des eumachischen Geschehens hier musikalisch bestätigt. — Später heisst es: Sein Orchester ist der getreue Ausdruck der Gefühlsentwickelungen des Textes und der Handlung, aber mehr durch Andeutung als durch Betonung im Einzelnen Die Note der Leidenschaft, des Kampfes oder des Trauerspiels ist nie zu stark. Seine Personen lieben und wünschen, triumphiren und hassen und sterben mit einer überraschenden Sparsamkeit an Heftigkeit und Eindringlichkeit . . . . doch in wahrhaften Höhepunkten . . unterstützt die Musik die dramatische und Gefühlskrise mit wunderbarer Fähigkeit.

---

Der Verlag von Lasker's Publishing Co., veröffentlicht die beiden monatlichen Zeitschriften